在愛裡相遇

用一塊錢的力量，累積千萬祝福

張秀菊基金會、葉美華——著
林宜諄——採訪整理

目錄

第三章 決心的吸引力 70

做一件事不能只是等待，一定要全力以赴；但做完之後，就只能等待神來成就。人們很容易被眼前看到的「不可能」所牽制，其實阻礙我們前進的不是環境，而是我們的思維。

第四章 一千個愛心零錢箱 90

每個人的生命中都可能突然出現一座大山阻擋在前，只要保持信心攀爬過去就好了。爬山的過程雖然辛苦，但最美的風景總在最高處。

第五章 實現十多年的夢想 104

所有的大夢想都是從小夢想開始成就，當小夢想的目標達成，你就有信心挑戰更大的夢想。

第六章　愛與勇氣的逗點　124

這裡是孩子生命中一座暫時停靠的休息站，讓每個從這裡出發的孩子，找到「開啟逗點之後」的勇氣。

第七章　生命的影響力　150

每個人的人生就像一本書，而二十分鐘的生命分享，就像閱讀一本書的精髓，用生命影響另一個生命，並且像父親的背影，讓孩子跟隨。

【分享生命的故事】榮董陳福星：壞習慣要立刻戒掉

【分享生命的故事】榮董林怡妮：創造唯一的自己

第八章　種下愛的種子　172

無論我們想要什麼，都必須先讓別人得到，這樣就能種下一顆種子，等時機成熟，種子就會萌芽，讓我們也得到一樣的東西，這就是「業力法則」。

【愛的募集心法】如何提升捐款人對社福機構的「黏著度」？
【愛的募集心法】關於「愛・種子委員會」

第九章 在愛裡相遇 196
愛不是名詞、形容詞，愛是動詞，有行動的愛才是愛。

第十章 善用一塊錢的力量 224
微不足道的一塊錢，也可以累積千萬的祝福。
【小美真心話】公益是條不歸路

附錄 關於張秀菊基金會 242
張秀菊基金會的成立、大事紀、歷年獲獎記錄、基金會附設社會企業介紹

序

記錄和分享這片土地上的感動

郭碧雲（張秀菊基金會執行長）

「家」是孕育生命的第一個地方，能在自己的家平安健康的成長，是件幸福的事。但有一群孩子卻在家受傷，無法待在原生家庭裡長大，受了傷的孩子心裡有千瘡百孔的洞，需要好多的愛和陪伴，才能把這些洞補起來。而張秀菊基金會就是陪伴這群無法在家長大的孩子的團隊，我們希望創造一個家園，讓孩子們可以在一個安全健康的環境下，幸福快樂的長大。

還記得十六年前，因為空間不夠，每年不得不拒收二十幾個需要保護安置的孩子，在拒收的當下，我的心都掛在孩子身上，所以在心中默默許下承諾，一定要為這群孩子蓋一處安全的永久家屋，讓孩子們有個可以安心睡覺的地方，有一群可以陪伴他們成長的人。

我們從身邊的朋友一個人一百元開始募款，經過十年，匯聚了無數的愛心，終於在二〇一六年，我們在石岡買下蓋房子的基地，也順利在二〇一七年底動工興建。

二〇一九年十二月十五日，對我們來說是一個非常重要的日子，經過許多挑戰和困境，我們終於完成對孩子的承諾，在許多捐助人愛的見證下，奇歷兒少之家終於落成了！入住新家園後，有個孩子跑來跟我說，住進家園的第一個晚上，他睡得好好，以前從來沒有睡得那麼安穩過，另外一個孩子則跟我說：「住在這裡好幸福！」

奇歷兒少之家充滿許多愛的能量，我常跟孩子說：「這個家園是好多好心的叔叔阿姨們幫助我們的，所以我們要好好愛護這個家，好好在這邊長大，如果有一天你們有能力了，也要去幫助需要幫助的人，就像這些好心的阿姨叔叔幫助我們一樣。」

需要社會資源的挹注

我和我先生原本經營老人安養中心，因為台中市政府社會局拜託我們暫時安置一對被性侵的小女孩，讓我們開始關注並承諾照顧這群特殊境遇的孩子，並決定在二〇〇四年以我婆婆的名字設立「張秀菊基金會」，開啟我們陪伴一千多位孩子成長的旅程。

根據衛生福利部的統計，全台兒少保護通報個案從二〇〇六年近一萬四千件，到二〇一七年有五萬四千多件，攀升了近三・九倍，顯示兒少安置機構的需求度持續上升。其中許多需要安置保護的特殊個案（如自閉症、學習障礙、過動症、智能障礙或因行為偏差由司法轉保護安置），常被一般安置機構拒收，而張秀菊基金會就扮演了收容全國特殊需求兒少的重要角色。

照顧特殊境遇的孩子相對需要挹注更多的社會資源。要照顧這群孩子的團隊一定要具備教育心理或社工系的專業背景，站在第一線的生輔員也必須二十四小時輪班陪伴，人員原本就招募不易；加上政府近年提升公部門社工人員的待遇，為了留住專業社工人員，我們的人事成本不能低於公部門聘僱社工的標準。雖然政府對私部門承辦公辦民營的業務在安置費用和人事費用上都有補助，但也有限制，不足的部分必須靠自籌，對於基金會自辦的兒少之家，自籌款會更高，這就是我們必須持續向外募款的主要原因。

然而，台灣每年的公益捐款，將近一半集中在宗教捐獻，而另一半的社會福利捐款主要集中在幾個知名的大型非營利機構，其實還有許多區域型中、小型社福團體，同樣以服務弱勢族群為宗旨，但能取得的社會資源卻相對稀少。

小美主任（葉美華）在基金會的主要任務是對外連結社會資源，並擔任公關的角色，因為我們是保護安置的機構，無法讓孩子對外宣傳、募款，只能透過小美到外面，把基金會的使命和服務，以及孩子生命改變等資訊，傳達給社會知道，並尋求企業主的幫忙，把社會資源帶進來。她就是「愛的橋梁」，透過她，讓捐款人和基金會的孩子在愛裡相遇。

我們的團隊是以社工背景為主（請見第十三頁「張秀菊基金會機構組織圖」），最初也是由社工負責募款，但前兩、三年募款成效不彰，才會想招募有業務經驗的人，能夠輕易開啟與人對話，這樣才能將基金會的理念、使命和價值宣傳給大眾知道，產生感動後，才會有行動願意捐款。

小美原本是我們的陪讀志工，我跟她聊天時，知道她有銷售童書的經驗，而且她非常陽光、熱情，不怕陌生人，跟任何人都能聊，當下我心中有一種奇妙的直覺，相信她一定可以幫助基金會的孩子，就開口問她：願不願意來基金會幫忙募款？當時基金會能提供的薪水條件並不高，但她還是願意過來，讓我覺得很感恩。

感謝小美八年多來不斷的努力和付出，加上募款策略運用得宜，讓基金會這個區域型中、小型的社福機構，能夠在二〇一六年到二〇一八年三年之間創造出超過一億元捐款收入（不包含政府補助），順利完成建院的目標。同時，來自政府收入（如補助或委辦業務收入）占總收入的比重，在十五年間從八五％降至四二％；而捐款收入占總收入的比重，則從一四％成長到五四％，逐年降低對政府財政的依賴。基金會的捐款人也從創立初期都是台中人，現在已經遍布全國二十二個縣市。（請見第十三頁「張秀菊基金會歷年收入圖」）

分享這片土地上的感動

在募款的過程中，我們看到許多有愛的人在我們身邊關注孩子，甚至在自己遇到困境時也願意幫助別人，非常令人感動。最初我們只是很單純的想把這些動人的故事和能量，記錄下來，然後傳遞出去，讓別人也能受到啟發，願意為這片土地、為弱勢者付出關懷。而書的本身就是一種能量的傳遞，所以我們決定要出書，請小美主任把這八年來所遇到的感動，以口述整理的方式記錄下來並出版成冊，讓人性的真善美在社會上流動。

人類最可貴的是，人會互相幫助，讓別人更快樂健康的成長。在別人遇到困境時願意伸出援手的情操，其實是人跟人之間的傳統美德，我們的社會需要更多人具備這樣的情操。

我們也看到，當這些企業家在捐款付出的同時，他的生命也正在改變，而他給的出去，是因為他的生命豐盛且富足。

出書除了傳遞感動外，也要藉此感謝所有曾經幫助我們的朋友。我們希望出書後，也能提供給大學社工系的老師和學生參考，啟發將來可以幫助弱勢族群的社工人員。我們並不想為了出書而出書，這本書不是要記錄張秀菊基金會做了什麼，而是要謙卑的傳遞愛的能量，因為我們還有很多需要學習的地方。真心感謝在這過程中幫助過我們的每一個人，我也祝福這片土地上每一個孩子能安心睡覺，順利成長。

張秀菊基金會機構組織圖

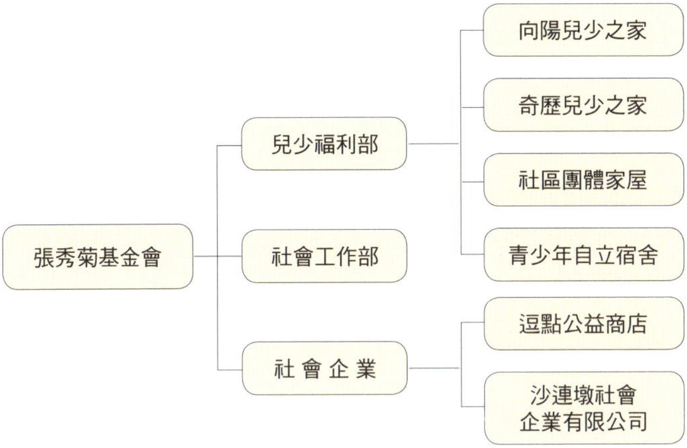

資料來源：張秀菊基金會提供

張秀菊基金會歷年收入圖

資料來源：張秀菊基金會歷年財報

推薦序

篤定的活在愛裡面

吳睿鴻、陳沛潔（昆兆益精密工業董事長、執行長）

看完這本書很感動，想起小美爽朗的笑容，因為對孩子的承諾，堅持為孩子一步一腳印的貢獻，過程一定十分的不容易，在短短的八年裡，因為神的指引，完成這麼多的事，幫孩子籌募款項，邀約各界人士的支持參與蓋了兒少之家，真的很不簡單。

讓孩子有一個家，也許僅僅是讓孩子們過年有一個固定的地方可以回娘家，不用在不同的地方，或需要搬來搬去，給孩子更好的環境，那是一份安全感，真正家的感覺。家不止是一個有形的形體，而是一個愛的場域，讓台灣失依的孩子，能夠更有盼望，嘉許妳的愛很大！

台灣是一個美好的地方，走訪過各個不同的兒少之家，覺得台灣的各個角落，有這樣一群人在為世界默默付出，讓人感動。當我發現張秀菊基金會帶孩子的方式，不只是給孩子吃住的地方，更有意義的是幫助孩子塑造品格，帶著孩子做高空訓練、徒步環島、腳踏車環島，進行各種的人格培養，讓孩子自己動手整理山林營區，各種的教育訓練和日常作息的規劃，讓孩子互相支持，使失依的孩子找回勇氣跟力量，以及對世界的愛跟信任感。

印象最深刻的是，有一次看到基金會的孩子畫願景圖，孩子說：「等以後有成就，我要開一家麵包店，來幫助身邊的人，就像別人幫助我一樣。」實際上，基金會幫助過的孩子，長大之後真的也開始把收入慢慢地捐回基金會，他們有的開冷氣行，有的讀中興大學畢業，有的讀社工系，都想幫助更多需要幫助的孩子，很多案例都想回饋基金會對他們的培養，這種善循環，是一種永恆的美，能夠這麼真心的把孩子帶到愛裡面，讓我覺得很崇敬！

我們來人世間的意義，是為了貢獻自己的一切才能，讓這個世界可以變得更美好。在這本書裡，看到小美在每一次的活動熱忱用心的貢獻，就算遇到了重重的困難跟阻礙，總是不忘記愛的初衷，讓孩子有一個家，幫助孩子成年可以在社會上立足，對孩子堅定不移的愛，讓每一次的活動都能夠成功地前進。

很開心能為小美寫序，也期盼大家看到這本書可以拋磚引玉，多多為社會奉獻，讓這個世界處處充滿愛和平跟喜悅，也讓每個孩子都能有安全感在這個世界上成長。孩子沒有問題，問題在於很多家長需要更堅持地活在愛裡面，問題家長來自於有問題的社會，只要每天多傳達愛、奉獻愛，這個世界就會慢慢地變得不一樣。祝福在這個世界的每一個孩子，都能夠開心快樂的成長，擁有一個幸福完整的家！

推薦序

推薦序

存下快樂的每一天

廖述偉（台灣盛心塾利他經營協會名譽理事長、傢式國際執行長）

對的事憨憨的做，由幾個憨人（熊爸、熊媽、小美……）做到影響了一大群憨人默默憨憨的做，這個「憨」是為了失家的孩子能啟動愛，讓愛能在孩子身上轉化成社會正面的助益，盡所能讓孩子成為對世界有價值貢獻的人，這是接觸到張秀菊基金會過程中看見的至誠感動。

與小美接觸的每一刻，她總是真心熱血的傳遞愛，讓人感受到愛的真誠力量。在一次的談話中，小美邀約能否為基金會的新書寫序，沒多思考就答應了，小美低調的沒告知新書的作者就是她，拿到書稿才發現原來是小美，她總是讓愛的影響力產生下一步的張力。

閱讀起這本書時，發現很想一口氣看完，似乎閱讀過程中，文字產生了充滿療癒的能量，有魔法似的讓人不知不覺的由心溫暖起來，書中幾段故事讓自己眼框泛紅，也看見小美幾年來溫柔中帶著堅定使命，不怕慢只怕站、如滴水穿石般，刻刻多一小步的讓困難能逐一超越。

這是一本非常值得給「行銷人、業務人、想啟動熱情、想超越自己現況、想深一層找到企業使命目的意義的企業主」來閱讀，透過閱讀的過程，會讓你產生正面的肯定力量。

在台灣這寶島中，處處看見良善的愛、純粹的愛，讓寶島有了美麗的故事；在張秀菊基金會中，看見了一群默默付出、善良又純粹的台灣人，雖說是一群但還是需要更多群聚的力量，讓台灣寶島因愛而更美麗。

二〇一八年的暑假，天氣三十幾度的八月下旬，接待了張秀菊基金會二十幾位孩子們做「職場參訪體驗」。我們把原主題的職場參訪體驗改成了「今日之星美學參訪體驗活動」。

孩子來到時，在傢式國際的大門口，同仁們做了歡迎的立牌。透過立牌，我問孩子：「知道誰是『今日之星』嗎？」大部分的孩子沒有回應，孩子因為失家，所以自信還未點燃，更說不上是謙虛的無聲。

進一步問孩子：「什麼是美學？」一點聲音都沒有。此刻拿起「快樂桶」（我們設計的存錢筒）發給每一個孩子，也準備了零錢讓孩子先用自己的方式投入，再問孩子們投入時聽到什麼聲音？有孩子說，是「快樂的聲音」。

進一步又給了零錢，這次請孩子們依照另一種方式投入——要說出「我要幫助有需要的人」，說完後才投入。此刻問孩子們聽到什麼聲音？有孩子說，是「『更』快樂的聲音」。孩子雖然失家，身上仍有愛，但需要愛的環境來啟動孩子內心的愛，轉化成正面的發展。

接下來把孩子交給了同事，去參訪我們二樓的家具、廚具、櫥櫃的美學展館，讓孩子了解生活的美學，也讓孩子有機會擁有美學的思考。此刻的我，回到個人的辦公室，門隨手關上，臉上有著汗水，但心中的淚水滴下了，看見孩子們的樣子，我心裏想著：這些孩子為何會失家？

體驗美學後，走訪生產流程，也進一步體驗「手作實木面紙盒」，兩個半小時最後的三十分鐘，問孩子們有什麼夢想？（讓孩子思考今天參訪的美學體驗與手作），接下來是分享我們的「傢式人文手冊」。

我跟孩子們分享「什麼是工作？」，我告訴他們：「二十四小時都讓來到的事情，用極度認真的態度來完成，就是工作。也就是說，事事都用心就會有好結果，每一天都認真累積，就是讓平凡變非凡的一生。」我送了日本「經營之聖」稻盛和夫的書《平凡變非凡》給孩子們。

最後，分享了「變聰明的四步驟」——嘴角笑、肩放鬆、腰挺直、深呼吸，當成禮物給孩子們帶回去作每天的運用。

孩子們需要我們的愛心，讓他們有一個溫暖正面的心；讀者和我們可以一起透過「憨人聚樂部——張秀菊基金會」來豐盛自己的心。把愛分享出去，每天都能存下快樂，當自己打開心往深處看，會發現自己真正的快樂都是在公益的路上。祝願大家每天都能換一個更快樂的自己，心性都比出生的時候更美麗。

推薦序

用生命影響生命

王惠麗（丞燕 iTEAM 團隊鑽石經理）

「用生命影響生命」是我對熊爸、執行長與美華所做的一切最好的詮釋。他們身體力行的證明著：「這世上只有沒想到，沒有做不到」。只要我要，我就一定能，有想法去行動，做就對了。同時別太在意別人的評價，永遠保持樂觀的心態、樂觀的面對挫折坎坷，一切都會變得更好。不只要做對事，更要用心的把事情做好，做到盡善盡美。

「ㄏㄡ、ㄏㄡ、ㄏㄡ，我來了！」這爽朗的笑聲是美華的招牌問候語，這樣的笑聲聽了神清氣爽，超級有動力的我非常喜歡。因為美華而認識了張秀菊基金會，聽完簡介之後我非常興奮，我終於找到我心目中的社福機構了，可以幫助家庭失去功能的孩子。（我是三個大男孩的母親，我非常喜歡小孩，如果可以，我想照顧更多孩子。）

當時美華說：「基金會要幫助這群孩子蓋一個自己的『家』。」我想，這太嚇人了吧！幾千萬的募款耶！但「想是問題，做是答案」。美華把一個念想化為實際的行動，從三隻小豬、愛心磚存錢筒、募款餐會、榮董制度到「愛・種子委員會」，看著他們一步步的突破困難、一步步的逐夢踏實，真的是令人敬佩，也非常感恩他們發下宏願，讓我們有回饋社會的機會。

偶爾開車經過奇歷兒少之家時，會不自覺多看它兩眼，真是驕傲，美華，你們真的好棒喔！你們做到了！

今年疫情非常的嚴峻，募款很困難，但經費短缺怎麼辦？六月時，美華說：「為了孩子，七月我們要辦募款餐會！」我心想，這兩個人（注：郭碧雲執行長與葉美華主任）瘋了吧！短短一個月的時間能夠幹什麼呢？沒想到募款餐會將近一百桌，他們兩個真的是瘋了，為了這群孩子真的瘋狂了！我想，要讓別人瘋狂之前，自己要先抓狂，哈！哈！哈！真是好樣的！

這是一本有溫度能感動人心，能啟發生命潛能的好書。看了之後，你會停不下來一口氣把它看完，看完後更是回味無窮。這本書我推薦給所有不敢夢想、對前途感到茫然的人，一定要買來看；所有做行銷、做業務、從事傳銷事業的朋友更是非看不可！這本書給我們動力，給我們再出發的勇氣，更時時刻刻提醒我們心中有「愛」，因為「愛」是一切的原動力，莫忘初衷！感恩！加油！

推薦序

永遠相信美好的事情即將發生

楊育庭（張秀菊基金會榮譽董事）

我與張秀菊基金會的緣起，是當初一群來自港台兩地的夥伴，共同參與為期三個月的訓練課程，其中一次的任務「社會服務」，就是去張秀菊基金會「奇歷兒少之家」辦活動，那次在沙連墩戶外冒險學校一整天的活動下來，內心深受感動，與其說是我們服務這群失家的孩子，實際上我們卻帶著滿滿的禮物離開，從那群孩子眼中，我看見對愛的渴望，原來當時愛的種子早已種下。

我也參加過榮譽董事的生命故事分享，藉由從小特殊的生命歷程，分享一路上也是遇到許多貴人們的提拔，進而扭轉人生的心路歷程，幫助他們看見生命的可能性，只要願意相信自己，都能創造任何的奇蹟。

也許失家的孩子生下來的命早已注定，但是透過社會大眾愛的力量，賦予這群孩子擁有「運命」的能力，不只是給他們魚吃，更是教會他們如何去釣魚，也讓他們一個個翻轉命運，成為激勵人心的勵志故事。

我可以很肯定的是，愛一直存在於我們的生活周遭，張秀菊基金會一路走來，過程篳路藍縷、披荊斬棘，所幸熊爸、熊媽與小美福星高照，每次重要關頭總有貴人相助，他們願意犧牲奉獻付出行動與愛，照顧這群不是自己生的小孩，這份無私的愛早已化作一顆顆種子，每當他們需要協助時，不斷的開花結果。

許多人知道「一千個愛心零錢箱」的故事之後，都會好奇問我：為什麼要花那麼多的時間與精力幫助張秀菊基金會？也許是雞婆的個性使然，但事實上朋友真的很重要，在我接下一千個愛心零錢箱任務之前，詢問過我身邊絕大多數的朋友，他們都認為這任務是可以被完成的，也讓我更有信心去完成這份看似不可能的任務。

如果我們真的想做一件事情，那麼就算障礙重重，我們也會想盡一切辦法去達成。但若我們不是真心的想要去完成一件事情，那麼縱使前方道路平坦，我們也會想盡一切理由阻止自己向前。雖然大家都沒做過相關的任務，但是整個過程充滿許多感動，每個人都願意付出一點點，全部帶著愛與感恩執行所有任務，感恩那段時間所有參與付出的天使，這也是為什麼我願意用過去所累積下來的福報，幫助張秀菊基金會種下更多善的種子。

這也跟張秀菊基金會所肩負的重任一樣，這群失家的孩子，他們的原生家庭都早已無力或無奈教養，才會被收容在兒少之家，但基金會要教養的不是一位失家孩子，而是一群特殊情況的收容對象，這個艱鉅的任務，除了需要有熊爸、熊媽這樣帶著使命的天使，也需要一群擁有正能量的社工，帶著滿滿的愛二十四小時不間斷照料，加上社會各界有愛的企業主與善心人士的支持，才能不斷創造更多的奇蹟。

目前像張秀菊基金會一樣短缺捐款的基金會不少，但是能夠像他們一樣提供扎實的品格與生活教育訓練的機構並不多，提供完善的教養規劃能讓失家的孩子，在機構內透過專業人員的協助逐步建立自信，而重返社會前培養一技之長，幫助失家的孩子從「手心向上」轉變到「手心向下」，這是相當不簡單的一個任務。

我們每個人都扮演極重要的推手與橋梁，可以讓社會上更多的愛串連在一起，進而累積更多強大的能量，只要我們的願力夠強大，都一定能完成更多艱鉅的任務，協助我們心想事成。

很開心能夠在小美的引領下，陪伴張秀菊基金會走過這段美好時光，讓我有付出的機會，也很感恩身邊的親朋好友，相信我的推薦一同參與活動，見證這段充滿奇蹟的過程。我推薦各位在閱讀完這本書之後，能夠將這份感動繼續傳遞下去，這世界需要擁有更多的愛，一起來幫助這群失家的孩子，讓他們擁有翻轉人生、改變生命的力量。

請記得，我們都是愛的源頭，生活壞到一定程度就會好起來，因為它無法更壞。所以我們心中應該總是充滿陽光。世界的模樣，取決於我們凝視它的目光。相信生命中的一切皆來自於給予，感恩所有一切美好的事情不斷發生。

作者序

孩子的守護者

最初我到基金會當志工，只是想陪伴小孩，後來意外進入基金會服務。這八年多來，因著上帝的愛，我全力以赴幫助這群孩子。

常有人問我：「你為何要來基金會當募款公關？」我回答：「是上帝要我來的啊！」上帝就是愛，我帶著神的愛想來守護這群小天使。過去我只追求事物的表象，以為幸福就是過我想過的生活，結果並沒有享受過「真正」的快樂。有天我向神禱告，求神為我鋪路，然後我來到基金會，開始我的心靈富足之旅。

起初在基金會的奇歷兒少之家擔任陪讀媽媽時，我每去一次就更了解基金會的用心，也更清楚機構經費的不足，而孩子也一次又一次地觸摸到我的心，我很愛他們，儘管我沒有任何募款經驗，但我決定要為這群孩子募款購地，建造一個屬於孩子的真正的家。

「募款」聽起來很困難，那是因為把焦點放在這兩個字的定義上，但對我來說，我好比《少年 Pi 的奇幻旅程》的另類版——歐巴桑 YA 的募款奇幻旅程，一路上充滿許多驚喜、冒險和感動。

我不是名人，也不是個厲害的人，沒有什麼資格出書，其實是因為執行長要我將這八年來在基金會所做的努力和在募款過程中所遇到的感動，記錄下來，分享給社會大眾，才會有這本書的誕生。

募款是條漫長的路，卻很有意義，我點燃你心中的星星，再由你來照亮前面的道路，讓那群寶貝們知道未來是光亮的，是有盼望跟價值的。

我們在募款建院的過程中遭遇了許多困難，但都一一克服，這些寶貴的經驗，相信可以鼓勵更多的人，尤其是同在社福界打拚的人，以及在非營利組織找資源的人，很希望能透過這本書讓他們知道：在這條愛的道路上，其實募款沒有想像中困難。

我並不是個聰明的人，我很笨，同事都知道我是電腦白癡，電腦看到我都會怕，但我有某些特質是別人所沒有的，那就是實踐行動力。我曾告訴執行長，我做的這些事情都不是做給別人看的，我每次都只想超越自己，我想證明愛在這個世界的能量場有多大，可以怎麼發揮，而我的意念已經強大到可以心想事成。

這八年多來，我的心中充滿感恩，謝謝大家讓我有機會付出，也讓我體會到真正的快樂。記得有次騎車在常經過的崇德路上，突然發現，原本光禿禿的樹木，竟長出茂密的嫩葉，風吹過時樹葉抖動，發出沙沙的樂聲，我感動得哭了！原來道理如此簡單，生命就如一支舞曲，每一剎那的好好壞壞並不重要，那不過是一種連續的運轉。若問我這幾年最大的心得，就是懂得那無條件的快樂，因為助人為快樂之本。

如果想體驗那無條件的快樂，邀請您來成為孩子生命中那愛的推手，這樣就會發現，幸福不需要外在事物來偽裝，表面上的幸福騙不了自己太久，而奉獻給予最大的收穫，是在生命上得到完全富足，才能創造永恆的生命，那就是延伸的愛。

很感謝社會上一直有許多人守護著我們的孩子，我們想藉此對捐款人有所表示，我們不是一直祈求給予，其實我們很在意，也很珍惜這份愛。我們要感謝的人太多，但因為書的篇幅有限，沒有辦法一一分享各位與我們在愛裡相遇的故事，請多見諒。

我知道未來還有更大的挑戰等著我們，在愛裡我們沒有懼怕，更何況還有一群默默付出、相挺的守護者。是的，我們會一次比一次勇敢，因愛在我們之間發酵蔓延，聚光成塔（燈塔）的照亮著每個孩子，讓他們對未來產生更大的正面力量。

第一章

夢想的開始

我的任務就是去搭一座愛的橋梁，
讓願意給予的人跟需要幫助的人，
在愛裡相遇。

我在張秀菊基金會服務迄今已進入第九個年頭，這份工作其實是禱告來的。我從事過兒童教育，也曾在出版界服務，擔任志工十多年，但從來沒有想過，有一天會在社福機構工作。

因為這份工作，過去八年多，我見證了許多愛與感動的故事，原來社會上有不少人願意付出和給予，而我的任務就是去搭一座愛的橋梁，讓他們跟需要幫助的人，在愛裡相遇。

從課程走入志工

十八年前，我參加了一個課程，這個課程帶給我不少生命的撞擊和震撼。這個課程強調家庭、事業和公益是人生的三大支柱，鼓勵學員參與社會公益活動，所以我和同學相約一起到社福機構擔任志工，每月挑一天做服務。這是我走入志工生涯的起點。

後來，我自己又每週挪一天中午到台中十方啟能中心，協助腦性麻痺的孩子進食。腦麻的孩子因為四肢僵硬、很難自主控制，沒辦法自行進食，得靠人幫忙餵食，要很有耐心地將食物一口一口慢慢送入孩子嘴裡，每吃一口要幫忙擦拭嘴角、撿拾飯粒，用餐完畢再協助清潔、更衣，打掃寢室地板，等孩子開始午睡，再回去繼續上班。

開始當志工後，我才真正體會到以前教科書上寫的：「青年守則第一條：助人為快樂之本」。我發現，**賺錢得到的快樂其實很短暫，但做志工奉獻得到的快樂，卻可以持續很久**。在志工服務過程中，可以感受到盼望和喜悅，而且回到家後，思維也會變得很正向，更懂得惜福。連我先生都察覺到了，他對我說：「妳做志工的時候最快樂。」

我曾經跟一位鄰居媽媽分享當志工的快樂，邀請對方一起體驗。那個媽媽跟公司請假後，跟著我幫腦性麻痺的孩子餵飯，沒想到做完離開，她竟然掉下眼淚。她告訴我，原本一直擔心自己的小孩學習速度比同齡的孩子緩慢，但看到啟能中心的孩子，再回頭看看自己的孩子，深深覺得自己應該要惜福，應該要用更多的耐心對待孩子。

持續的愛心好難

八年前，我和同學因緣際會來到張秀菊基金會參加志工活動，這個基金會是個特別的機構，兒少之家裡面的孩子大多是受虐的失家兒少，必須受到政府保護，他們的行蹤都不能對外曝光。

記得當時基金會執行長郭碧雲輕輕拉著我的手，對孩子們說：「以後美華姐姐來陪你們讀書好嗎？」

「好！」孩子們異口同聲說。

突然，有個孩子站起來，冒出一句台語：「你會來多久？」

我當場被戳了一下，剛開始心裡有點不舒服，但這也讓我感觸很深。我發現，這些孩子跟別人不同，他們生命中的大人總是來來去去，面對這些帶著善意而來的志工，有時好不容易培養出感情，沒多久又消失不見，「我才剛喜歡你，你怎麼就不來了？是不是我哪裡不夠好？」，就像再度被大人拋棄，感覺很受傷，才會說出這樣的話來。

原本沒打算長期來陪讀，但衝著這句話，我用台語賭氣似的對那個孩子說：「我會一直來，到你娶某生子！」

一次的愛心很簡單，但要持續真的很難。

許下承諾後，我發現要實現這個承諾很不簡單。我家住台中市北屯區，每次要到距離約二十公里遠的石岡區陪孩子讀書，下班時間開車過去，單趟車程就要四十五分鐘。覺得好遠、好累、想放棄的時候，我的腦海就會浮現那個當面吐槽的孩子，讓我更堅定要遵守自己的諾言。

能為孩子做什麼

我擔任陪讀媽媽有一、兩年的時間，這段時間，我的心深深地被這些孩子觸動了。看到兒少之家的孩子受到家境的影響，難免耽誤到課業學習，有的到了國中還不會數學的除法，那時我兒子已經是高中生，課業成績表現不錯（後

有些孩子無法在自己家裡平安健康長大，被迫提早面對生命中的無奈。

來考上台大），我說服兒子跟我一起去擔任課輔志工，搶救弟弟們最弱的數學。

機構裡的孩子每個人都有一段充滿無奈的故事，他們別無選擇的被迫提早面對生命中不完美的一面。當初那個質疑我能否持續來陪讀的孩子，很小就被送到兒少之家安置。他曾經對我說：「你知道我是怎麼來的嗎？因為我媽有外遇，我爸就殺了我媽……」說話的語氣輕描淡寫，不帶任何情緒，像是在講別人家的故事，早熟到讓人心疼。

我主要負責陪讀的孩子，其中

一個叫小楷（化名），就讀國中，他沒有爸爸，媽媽精神異常，只要喝酒就會傷害小孩，甚至會拿酒瓶砸孩子的頭，這讓小楷對母親的角色充滿敵意。只要我關心他功課寫完沒，立刻就像全身長滿尖刺，變得非常不友善，甚至口出穢言，但他又喜歡盯著我看，常找機會在我身邊出沒，渴望得到關注。

另一個陪讀的孩子小華（化名），就讀國小五年級，個子瘦小的他像封閉在自己的世界裡，無論問他什麼，答案都是千篇一律的「不知道」，連聯絡簿、作業本在哪裡也都不知道。我鼓勵孩子拿書來看，發現這個孩子看書的速度很快，沒兩三下就翻完了，原來他不認識字，連注音也不會，只好挑有圖畫的地方看。我特地挑選繪本童書，帶著他一個字、一個字學習。

有次，小華把書翻到一半就停下不念了，繪本正好停留在「一隻小白兔跑到山上看到皎潔月光」的畫面。我問小華發生了什麼事？

「那天，爸爸把我載到山上，就丟下我跑掉了，我很害怕，就一直跑、一直跑……」孩子想到小時候，在一個月圓的夜晚被父親遺棄在山林裡的恐怖回憶，終於把梗在心底的話說出來，那次是我第一次聽到小華說這麼多話。

那天陪讀結束後，開車回家的路上，我忍不住哭了出來。我在心裡向上帝禱告：「神啊，生命應該不是只有賺錢而已，我還可以為這些孩子做什麼？」

神給的第一個考驗

沒想到，隔天我就接到執行長郭碧雲的電話，提到因為政府砍了不少補助預算，需要幫助的孩子愈來愈多，很擔心會斷炊，問我有沒有意願到基金會幫孩子募款？但是基金會能提供的待遇，只有最低基本工資加上五千元的車馬補助費。

當時我還在公司上班，接到電話後，嚇了一大跳：神給我的第一個考驗來了！因為就快要過年，我當下告訴執行長，要考慮一下再回覆。

神給我的回應如此直接，但我開始懷疑自己能否承擔這樣的重任。薪水這麼低，是否要把家裡的經濟重擔全交給老公扛？我沒有社工專業背景，能為孩子做什麼？如果是販賣商品，還可以用促銷、贈品各種手法，社福機構難道要販賣可憐，請求社會捐款嗎？我辦得到嗎？

「主啊，這是祢為我開的路，但我可以嗎？」我在心裡不斷向神禱告。

農曆春節時，教會照例發送經文紅包，紅包裡面有張經文小卡，上面的文字取自《聖經》話語，是最好的福音撒種祝福。我領到後打開一看，上面的主題是「信心」，裡面寫著：

奉主耶穌基督之名：

我祝福你得著神特別的——信心。相信在神沒有難成的事，並在屬靈的事上被神重用，得著祂所賜的權柄。這信心使你滿心相信神的應許；也使你如亞伯拉罕般恆久相信，配被稱為神的朋友。

人非有信，就不能得到神的喜悅。若非不斷聽神的話，就不能產生信心。請記得，神賞賜那操練信心的人。我們正是因著信，靠我們主耶穌得與神和好。

《羅馬書》四章十六至二十一節、五章一至二節；《哈巴谷書》二章四節；《希伯來書》十一章六節

機構裡的孩子生命中帶的苦比較多，但他們需要的不是同情，而是社會的理解和接納。

「在這個世界，是困難比較大，還是神比較大？我們都把困難看得比神還大，但在神沒有難成的事！」這段經文彷彿是神對我的猶豫不決所給的回應。讓我像吃了定心丸，決定接受生命的挑戰，春節過後就到基金會報到，扛起募款的重任。

我把這張小卡片護貝，一直珍藏在日誌本裡。它就像個定心錨，在往後遇到任何挫折和困難時，就像神的鼓勵，讓我有信心走下去。

需要的是同理，而不是同情

來到機構的孩子，每個人都有自己的生命故事。有些孩子受到的苦難特別多，從小他眼中的爸爸媽媽都是這樣對待孩子，他以為這樣的對待是正確的，這些苦難也是正常的，等他警覺到自己跟別人不一樣時，他已經遍體鱗傷。

我常跟我的兒女開玩笑說：「媽媽的手臂好粗喔，因為我都沒有打小孩鍛鍊身體！」我的孩子從來沒有被父母打過，無法體會被大人揍的痛苦。

有些人生命中帶的苦比較多，有些人生命中帶的甜比較多，吃甜的人很難去想像吃苦的人口中的那種滋味，很難去體會他們過的是怎樣的生活，外人只能聽、只能看，無法感覺。我真的很希望這個社會不要對弱勢者視而不見，但是他們需要的不是我們的同情，而是我們能不能同理他，同情和同理是不一樣的。**同理是要站在對方的立場，去體會他的感受，傾聽他說的話，更重要的是理解與接納**。

張秀菊基金會是孩子愛的庇護所，能讓這些命中帶苦的孩子，過著三餐溫飽、正常學習的生活，同時養成正確的品格和價值觀，在十八歲獨立之前，鍛鍊好強健的體能和一技之長，不因原生家庭的不幸導致想不開或混幫派。

我是兩個孩子的媽，現在我要當一群孩子的媽。**我們要成為孩子們生命中的逗點，而不是句點，等孩子長大，就能不斷去創造他們生命中的驚歎號！**

第二章

搭起愛的橋梁

募款工作看似困難，其實只是把訊息傳遞給別人，
要不要捐款，由對方決定，就算被拒絕，也不是否定你。
但最重要的，是先讓自己被看見！

在張秀菊基金會，負責募款的單位是社會資源發展部（內部稱公關部），從我進入基金會開始，有長達三、四年時間，整個部門只有我一個人孤軍奮戰，要收捐款箱、義賣、提企劃，還要出去募款和推銷募款活動餐券，事情永遠做不完。現在，這個部門已經有五位成員，有人專門負責收捐款箱，有人負責行銷，有人負責宣傳、維護官網和寫企劃書，還有位行政助理，我自己則是負責在外「趴趴走」。

對大部分社福機構來說，募款一直是個很大的難題，多數社工不懂如何銷售（像義賣、推活動餐券），也不敢向人募款。我常把我的工作當作是「出去跟人家聊天」，跟心中有愛的人分享如何關懷、奉獻，每次出門就像打開「驚喜包」，因為我不知道這天會遇到怎樣的人，會有那種生命的連結，我很珍惜每次的談話，總是全心全意專注聆聽對方說話。好幾次想拉我的夥伴一起出去「交朋友」，但都沒有成功，因為他們不太敢跟陌生人聊天、建立關係。

曾經聽人說過：「這世上有兩件事情很難，一件是把我腦袋裡的東西輸入你的腦袋；另一件是把你口袋裡的錢放入我的口袋。」很多社工從一開始就覺得募款工作很難，但其實在這個社會上，還是有很多人願意「給出去」。

募款工作要做的，只是把訊息傳遞給對方，至於要不要捐款，由對方決定，就算被拒絕，對方拒絕的並不是你這個人，不需要覺得難堪或難過。

我始終相信，只要內心有那份愛，這件事情其實沒有那麼困難，**最困難的還是那顆心，會想要逃避、不想承擔責任，或是怕被拒絕**。

分享才有溫度

我記得很清楚，二〇一二年二月十三日到基金會報到上班那天，原本負責募款工作的社工同仁，抱了厚厚一大本公文交給我，裡面是她之前發給各企業的所有公文，因為沒有業務經驗，也不知道該怎麼教導新人，就這樣把募款的工作交棒給我。

寫信給企業請求捐款，是基金會社工同仁唯一擅長的募款方式，這也是台灣所有社福機構都會做的事情。台灣一年有數百億的善心捐款，大部分會捐給知名的大型社福機構或基金會，沒有名氣的小型社福團體根本分不到一杯羹，偏偏張秀菊基金會的兒少之家是保護機構，為了孩子的安危，連電話、地址都不能曝光，在募款上自然更加困難。

我翻看這些枯燥的公文，算算這樣一年根本募不到一百萬元，開始懷疑自己是不是搞錯了，誤會上帝的旨意，上錯了船！足足有三個月，我每天跟上帝禱告時都丟出相同的問題：「主啊！我一定是搞錯了，這真的是祢為我開的路嗎？我一點都不適合，我該怎麼辦？」

幸好那天下午，某個賣漢堡的連鎖店家打電話來，詢問設置基金會捐款箱的事情。我很開心找到機會離開辦公室，外出透透氣。我送捐款箱過去，跟店長和店內客人聊起來，主動跟他們介紹基金會的業務。回去後，我跟社工同仁說：「如果要我坐辦公室，我是找不到任何資源的，明天開始，我打完卡就要出門去分享！」

我很清楚：募款不能只是呆坐辦公桌寫企劃、發公文，要分享才會有溫度，所以我要走出去，去跟這個社會搏感情。之後，我每天早上到公司打完卡就出門，去外面找錢、找資源。

愛在心裡口難開

我下定決定要主動出擊，剛開始先找自己的親朋好友，尋求他們的支持，有些人很爽快就捐了，有些人會拒絕。剛開始吃到閉門羹，心裡會覺得很難過，朋友不捧場就是不相挺，被朋友否決讓自己很沒面子。

後來，我終於想通一件事：捐款人最在乎的，是捐款能否真正用在孩子身上，捐款是給基金會，又不是給我個人，所以就算是我開口「向人要錢」，也不欠對方人情，不會矮人一截，因為**「我只是愛的橋梁，引發你做奉獻」**。

我的教會姊妹和好友們知道我在幫孩子募款，都會掏腰包支持，可是我拜託她們幫我對外募款，都跟我說沒辦法，因為「向人開口要錢實在難以啟齒」。

募款不是件容易的事，但想到兒少之家的孩子們，為母則強的心情讓我告訴自己：「要想盡辦法讓我們家的孩子活下去！」

但是，基金會整個募款部門只有我一人，怎樣才能籌措到足夠的資源？我知道不能只靠親朋好友捐款，**我必須像個漁夫，不斷向外撒網，每張網代表的都是機會和希望，我必須創造更多可能性**，而募款最好的方式是「請人幫忙」，讓自己扮演「肉粽頭」的角色。

勇闖商務早餐會

教會姊妹知道我要幫孩子募款，建議我去參加「商務早餐會」（BNI），而且要帶一百張名片去，這樣可以認識更多人。這是個各行各業的人都能參加的早餐活動，每週固定舉行一次，可以讓人產生交集、建立人脈，而且可以媒合彼此的需求，由會員幫會員介紹客戶，省下不少找客戶的時間。

早上六點半到七點是互相交換名片的時間，七點開始正式會議，每個人都有三十秒到一分鐘的時間可以上台自我介紹，第一次來的新朋友有三十秒，正式會員則有一分鐘，每月每人都有一次機會輪流上台，用八分鐘時間介紹自家的產品或服務。會議結束後，還有三十秒的時間，可以再作一次自我介紹。

為了跟最多人交換到名片，每個人接觸交談的時間都很短，我第一次參加，遞上名片後，必須在三十秒內完成自我介紹：

「您好，我是張秀菊基金會的葉美華，我們機構照顧一群被家暴、性侵或被遺棄、失親的孩子，我們要養四十幾個孩子，每年都需要大量學費的支持，若您願意在做公益的路上跟我們一起奉獻，請跟我聯繫，謝謝！」

我發現，來參加的人以業務員為主，大多來自保險業，其中也有開店的老闆，因為我跟其他人很不一樣，所以我的名片比較有機會被保留下來，這就是我的優勢。

把握三十秒的相遇

基金會需要大量曝光的機會，我很想繼續參加早餐會，但第二次就必須入會，要繳交約兩、三萬元的會費，每次餐會也必須自費，但基金會根本沒有這種公關預算。

會後我跑去跟主持人阿妙（賴金妙榮董，現職萬怡健康生技有限公司執行長）交換名片，意外發現這位年輕美麗的小姐就是這個平台的負責人，我告訴她：「我很想再來，但我們沒有多餘的錢繳會費，怎麼辦？」

她答應親自到基金會拜訪，瞭解實況後，教我一個變通的方法：擔任專業代理人。原來早餐會有規定，當會員有事不能參加早餐會，必須請人代理出席，如果以後都指定由我代理，我只要交餐費，就不需要繳會費了。這樣每個禮拜三我都有機會認識新朋友，向人介紹張秀菊基金會。這位主持人是我遇上的第一位「善心天使」，後來還幫了不少忙，變成我很好的朋友。

參加商務早餐會，並沒有讓我募到款，因為來參加的人多半是業務員新手，大家都是來這裡找機會。不過，那時的張秀菊基金會沒有名氣，也沒有本事認識企業老闆，能夠「走出去、被看見」才是最重要的！所以我把握每一次三十秒的相遇，相信只要能被關注，總有一天會用行動來支持我們。

大家一起來「養豬」

我跨出了第一步，每個禮拜都去飯店吃一次自費的高級早餐，想把自己和基金會推銷出去，但又不知何時才能開花結果。我問自己：「那然後呢？」

二〇一二年，正好遇到總統大選，當時民進黨總統候選人蔡英文的團隊推出「三隻小豬」運動，以小豬撲滿向支持者募集小額捐款，創造話題，也拉抬人氣，一下子全台掀起「養豬」風潮。後來他們推出小豬「回娘家」活動，從全國各地召回十四萬隻小豬，總共募到兩億多元的政治獻金，成為小額募款的經典。

看到「三隻小豬」的成功，給了我靈感：不如讓小豬撲滿也來幫基金會的孩子募款吧！

我買了一百個小豬撲滿，貼上張秀菊基金會logo的貼紙，然後編號，號召認養人帶回家「飼養」，只要身邊有多餘的零錢銅板就投進去餵豬，這就是把捐款箱放在捐款人家中的概念。

小豬撲滿匯聚社會各角落的愛心，用一塊錢的力量幫助機構的孩子。

沒想到，原本不願意幫忙募款的朋友，看到可愛的小豬，居然主動幫忙推廣，愈來愈多人登記認養，一百隻小豬很快就發送完了。我又訂了五百隻小豬撲滿，有三百多隻被認養。

為了把捐款收回來，我們每三個月固定舉辦讓小豬回娘家的「小豬趴」活動，請認養人帶著吃飽飽的小豬，來到基金會附設的逗點咖啡（逗點青少年公益商店），以舊豬換新豬，同時跟其他認養人交流。我們安排了下午茶會，除了提供美味的點心、咖啡給認養人享用，還精心設計一些遊戲，讓認養人同樂，彼此互相認識、交朋友。我們也把握機會向認養人簡報基金會的故事、現況和需求，介紹逗點咖啡的由來，鼓勵認養人以消費來幫助孩子。

有些認養人為了不讓自家小豬在見面會上「漏氣」，會趕在「回娘家」前努力餵豬。幾百隻大小相同的小豬中，竟然出現一隻「豬王」，從肚子裡居然挖出新台幣八千元，讓基金會同仁很驚喜。原來，認養人餵小豬吃的都是五十元銅板！

小豬立大功

我從未小看小豬的力量。這隻小豬不僅幫忙匯聚社會各角落的愛心，一塊錢、一塊錢的累積起來，還穿針引線牽引出企業的公益力量。

在張秀菊基金會、逗點咖啡或是向陽、奇歷兒少之家，都可以看見春風品牌的衛生紙，這些都是台灣知名造紙企業正隆長期捐贈的物資。背後其實有個愛的故事。

八年前，一位在這家紙業服務的員工在朋友的介紹下，因緣際會認養了我們的小豬撲滿，後來她帶著小豬參加「小豬趴」，在聚會上聽了我們的簡報，深受感動。身為母親的她很希望能為基金會的孩子做點事情，回去後便主動向正隆關懷兒童基金會執行長分享張秀菊基金會的故事，同時提案捐助張秀菊基金會的孩子免費的衛生紙，從此之後孩子們一直都有免費的衛生紙可用。

這位很有愛心的朋友雖然不是企業家，沒辦法捐出大筆的款項，但她連續幾年都有參加基金會的年度感恩餐會，也會主動把基金會募款活動的訊息發送給同事和朋友，鼓勵大家用小小的零錢幫助基金會的孩子。有次，她到朋友家作客，席間分享了張秀菊基金會為孩子的努力，以及孩子們的故事，感動了在場的一位企業家黃總，黃總平時經常做公益慈善、幫助需要的人，他主動提出要捐款給張秀菊基金會，就在這樣巧合的機緣下，展開了黃總與逗點的善循環。

後來，正隆關懷兒童基金會執行長與造紙廠長一起來到基金會拜訪，他們瞭解基金會的業務運作和遇到的困境後，表示願意破例長期贊助孩子獎助學金，也認領了奇歷兒少之家建院用的「愛的支柱」。

愛心磚存錢筒為兒少之家建院募款，不少愛心捐款人登記認養。

這家造紙企業因為小豬撲滿跟我們結緣，八年來持續幫助我們，從未間斷。

愛心磚存錢筒來接力

那一年，奇歷兒少之家決定興建永久家園，需要龐大的經費支持。原本我想繼續請小豬撲滿幫忙募款，但有人告訴我，小豬不能代表張秀菊基金會。後來我想到，蓋房子需要一磚一瓦搭建起來，那就改成「愛心磚存錢筒」吧。

我上網搜尋，沒有找到適合的產品，就拿著自己設計的磚塊樣式，去找塑膠射出成形工廠幫忙，但一連找了幾家都被拒絕，因為不想為這張小訂單，影響原來生產線的運作。很幸運地，遇上一位也是基督徒的老闆答應幫忙，但是開模具要花不少錢，我告訴他：「這是為了一群需要關懷的孩子募款用的，不是要拿來賣的，如果您願意幫我們做，可以創造更高的價值，這是做好事啊！」老闆聽了，大方地給了一個非常優惠的價格。但生產一批訂單至少要三千個起跳，我拜託老闆能否只算半價？老闆想想，決定好人做到底：「好啦，全部算你六萬就好！」

從開模、試做、選色到正式量產，需要十多天的時間，但貨送到府就得一次付清。我知道基金會的每一分錢都很重要，所以要求自己，無論做任何事、辦任何活動，都不能花到基金會任何一毛錢。我手上沒有預算，覺得很不安，就在心裡跟上帝禱告：「主啊，這工作是祢要我做的，這筆錢祢得幫我預備好。」

我請同仁準備一份籌措六萬元的募款企劃書，不論到哪裡分享都帶著。當時我有參加一個讀書會，每次去都會分享自己的工作，談要怎麼幫助孩子的生命做改變，聽的人都覺得很感動。

有一天，我跟在讀書會認識的一位大姐提到自己正面臨一個關卡，必須很快募到六萬元，那位大姐聽了，主動說要介紹一位在新竹做土地開發的董事長給我認識。隔天，我趕緊開車去拜會那位董事長，做完自我介紹後，董事長什麼也沒講，只說了句：「你的資料放著就好，我會自己看。」我不好意思多說什麼，謝謝他後就離開。沒想到，在愛心磚存錢筒送來的前兩天，基金會收到這家公司一筆六萬三千元的捐款。

我立刻打電話向董事長道謝：「董事長，我真的好感動，很多人說要帶資料回去看，其實都沒有看，您捐了六萬三給我們，表示您真的有認真看資料。不過，我只跟您要六萬，為什麼您多給了三千元？」

董事長笑著說：「我是要捐六萬給基金會啊，但我也不知道為什麼捐了六萬三？」

沒多久，我們發現光有存錢筒還不夠，還需要製作貼紙，因為愛心磚上要有編號和勸募字號，需要印製貼紙，而貼紙成本正好是三千元！一切的巧合，神奇到令人起雞皮疙瘩。

我很感謝那位幫忙搭橋的大姐，還有及時伸出援手的董事長。這件事讓我相信，**所有事情只要你想要去做，你沒想到的事情，宇宙萬物都幫你想到了！**

奇蹟從天而降

就在我為了募款焦頭爛額的時候，有位朋友送來一本台中地區國際獅子會過時的舊版通訊錄，叫我去獅子會試試看。

（編按：國際獅子會是全球最大的非營利服務性社團，最早起源於美國，創立迄今有百年以上的歷史，分會遍布兩百多個國家及地區，成立宗旨在發揚人類博愛互助的精神，參與的會員凝聚在一起，奉獻寶貴的時間、精力和金錢提供社會服務，希望能改變這個世界。目前國際獅子會台灣總會共分十一個區，有一千多個分會，各個分會都設有會長一人，任期一年。）

國際獅子會是做社會公益服務的團體，每年都會投入預算幫助需要幫助的人，這對張秀菊基金會來說，是個千載難逢的機會。但在這本舊通訊錄上，有七十多位前分會會長的聯繫方式，該從哪位會長聯絡起呢？

我在心裡向神禱告，希望能指引我找到對的人，然後隨手一翻，正好看到三〇〇-C1區台中市中區獅子會王前會長的名字。我決定先打給這位王先生。巧合的是，對方雖然已經卸任中區獅子會會長的任務，但正好是下屆的會長召集人，請他來協助指引，再好不過。

王先生在某家壽險公司服務，他瞭解我的需求後，立刻答應會盡力幫忙，還告訴我該怎麼聯繫這些「獅友」。如果不是他協助搭橋，我根本沒辦法與國際獅子會產生愛的交集，王先生可說是我遇到的第二位「善心天使」。

大膽前進「獅」群

我逐一打電話給各分會會長，有時會長正在忙，沒空講電話，「會長，我先寄資料給您，過幾天再打電話給您好嗎？」「可以。」我把基金會的資料寄給對方，但會長的事業很忙碌，收到基金會的資料通常擱著沒看，時間久了就忘了這件事。

台中市玉山獅子會發起捐贈交通車給張秀菊基金會，讓社工能安全載送孩子上課與學習，共有 33 個分會參與協辦贊助。

「會長，我可以去拜訪您嗎？獅子會是做社會公益服務的團體，我希望您能認識一下我們這個機構，也許未來您有機會到這個機構來服務。」只要會長願意接聽電話，就讓我很感動。

我努力把國際獅子會三〇〇-C1區七十多個分會會長的名字都背了下來，還製作一張表，一一記錄跟各會長聯繫的狀況。正好一位教會姊妹即將擔任下屆分會會長，我拜託她帶我去參加獅子會的活動。

到了會場，全都是不認識的獅

友，幸好會長身上的衣服都會繡上名字，我一看到對方的名字，就立刻回想之前聯繫的狀況，主動上前打招呼、遞上名片：

「某某會長，您還記得我嗎？我是張秀菊基金會的葉美華，前幾天才跟您通過電話，您還記得我嗎？」

教會姊妹接著在旁敲邊鼓：「你們要做社會服務的話，也可以考慮張秀菊基金會喔！」

「好、好。」

「某某會長，我知道您今天很忙，我可不可以去拜訪您，讓您瞭解我們機構都照顧怎樣的孩子。」

認識「心很美」的朋友

俗話說「見面三分情」，原本不認識，親自打過照面後，總會留下一點印象，日後再次聯繫就不會覺得唐突。在這個努力爭取曝光機會的過程中，我遇到不少「心很美」的朋友。

有天，有位會長突然打電話給我，邀請我去大肚參加五路財神廟的廟會活動，「快來，快來，我們很多同學都會去喔！」她不知道我是基督徒，儘管跟自己的信仰有衝突，我知道機會難得，就趕緊去了。原來這座五路財神廟的董事長當時也是國際獅子會的會長，當天邀請許多同屆會長參與廟會，雖然我有他們的聯繫方式，但只要有機會跟對方交換名片，除了增加印象，就又能再度打電話拜訪。

過去的工作經驗，幫我練就對人的敏銳度，可以在交換名片當下，就知道對方願不願意幫忙。像有些人拿到名片後，只是應付一下；但有些人拿到名片後眼睛會發亮，還會主動詢問基金會照顧怎樣的孩子，這樣我隔天就會打電話給對方。

那段時間，我經常一大早跑商務早餐會，晚上跑國際獅子會活動，從雞叫做到鬼叫，就是為了讓更多人認識張秀菊基金會。

失敗的藝術拍賣會

在張秀菊基金會的第一年，我舉辦了人生第一場藝術拍賣會。要感謝在商務早餐會認識的第一位善心天使，她介紹了一位畫廊老闆給我認識，對方知道我們在為孩子募款，想以畫作拍賣的方式贊助，提議雙方共同舉辦藝術拍賣會，所有賣畫所得在扣除必要成本後，盈餘將全數捐給基金會。

當時我根本不懂藝術拍賣，很怕沒有人來，畫廊老闆信誓旦旦地說，她會找很多朋友來共襄盛舉，要我不用擔心。

記得那是個炎熱的夏日午後，我們把奇歷兒少之家的空間布置成畫廊，懸掛許多畫作，在廣場搭設棚子和舞台，擺了約一、兩百個座位。畫廊老闆擔任主持人，負責介紹畫作和畫家。

活動預定的時間到了，但客人姍姍來遲，全部只坐滿第一排，跟預期落差很大。幸好我教會的姊妹們如期出席，場面才不會太冷清。因為參與拍賣會的人少，購買的人更少，主持人焦急，我們也很擔心。一位教會姊妹出手買下一幅拍賣的畫作，但我知道她的家境並不寬裕，房子是租的，先生月收入只有兩萬多，還有三個孩子要養，她本身是家庭主婦，為了幫助機構的孩子，硬是買下要價近兩個月收入的畫作，令我非常感動。

為了這場活動，基金會號召不少夥伴和志工投入支援，可惜最後募到的金額並不理想，在很多人眼裡，這算是場失敗的活動。

我從這次的失敗中學習到許多經驗：一場活動要成功，最重要的元素是「人」，有「人」才能成就事情，其中包括自己的工作夥伴、合夥人和邀請的來賓，缺一不可。同時，我也深深體認到：**別人的給予和幫助都不是理所當然，當別人給我們機會時，我們不能只是被動地等待、依賴，反而應該靠自己的努力，去創造更大的可能性**。

從幾次的募款經驗，我觀察發現，有些人當下給不出來，但會放在心裡；有些人可以立即給出去，但不是看自己擁有多少，而是願意給多少。我從那位教會姊妹的身上得到很大的信心，她讓我有勇氣開始。

雖然活動失敗了，但我心中仍充滿感恩，我很感謝每一個願意出席活動的人，也很感謝那位畫廊老闆給我們機會。

讓人感受殷切的心

我曾經想過，那麼多家社福機構都需要錢，為什麼捐款人會選擇捐給張秀菊基金會？我也曾經問過捐款人這個問題，有位朋友回答：「小美，我發現妳在分享時眼睛會發亮，可以感受到妳那種殷切的心，而不是給人『快點給我錢』的感覺。」還有位朋友對我說，「我就是因為妳，才捐款給張秀菊基金會。」對方之前並不知道還有個張秀菊基金會。

捐款人常會看我們的決心夠不夠強烈，如果決心不夠強烈，說怎麼愛孩子都是騙人的。幸好張秀菊基金會做得夠好，財務夠透明，讓我的決心夠堅定，敢走出去代表基金會向社會募款，邀請對方加入守護孩子的行列，說話也才敢大聲；如果基金會沒有好好照顧孩子，財報也不透明，說起話來一定會很心虛。

很多人問我：為什麼幫孩子募款要這麼拚命？對我有什麼好處？我想，好處就是那種成就感吧。

很多社福機構不知道怎麼募款，也不敢開始募款。對有些社工來說，這只是一份工作，要開口向人要錢，像是在討人情，他不想這麼做，那是因為他沒想到這份助人的工作帶來的價值是什麼，只想完成上面交辦的工作就好。

我很清楚我是社福機構跟社會之間的橋梁，我必須主動把橋搭出去，而不是被動裝可憐，等別人上門來捐款，而且我必須很明確地讓對方知道，這個機構在做什麼事情，讓對方知道他的付出是值得的。

想想看，當愛的橋梁搭好，捐款人願意走過來，讓孩子在肥沃土壤中長大，那些孩子的生命將因此改變，這是多麼棒的事！我能一路堅持，信仰占了一部分，最重要的還是那股信念，而愛就是一切的解答。

第三章

決心的吸引力

做一件事不能只是等待，一定要全力以赴；
但做完之後，就只能依靠神來成就。
人們很容易被眼前看到的「不可能」所牽制，
其實阻礙我們前進的不是環境，而是我們的思維。

有一本書叫《秘密》，書中告訴我們：「你所關注的事情，宇宙會幫忙不斷放大」。當我們下定決心要做一件事情，就會發現很多人跟著關注。

我知道，我們得先讓自己穩定，才能成就夢想，所以我每天要做的事情就是「讓更多人看見張秀菊基金會」，然後關注我們，接下來才會有行動、願意付出愛。

做一件事不能只是等待，一定要全力以赴；但做完之後，就只能依靠神來成就。如果從頭到尾都只是等待，什麼也沒做，失敗的結果是可以預料的。

來自企業的大訂單

五、六年前，台中有家知名上市企業主動來找基金會合作，這件事帶給我們很大的啟示，對團隊夥伴間的信任與合作也是一大考驗。

我們會跟這家經常從事社會公益的優質企業認識，最初是為了替孩子暑假的「Papago」體能訓練課程（如背二十公斤的裝備，徒步行走中橫公路一百多公里），向企業募捐相關裝備器材，才開始接觸、結緣。

當時企業聯繫窗口告訴我，他們即將舉辦股東大會，要準備紀念品送給股東，股東人數約一萬五千人，每份小禮物的預算是三十元新台幣，想問問逗點咖啡有什麼東西可以提供？（注：張秀菊基金會唯一有販賣商品業務的是逗點咖啡。）

我告訴他，逗點咖啡只有賣咖啡，可以送兩包掛耳式咖啡，放在透明小袋子裡，外面再加上漂亮的包裝當小禮物。

對方表示，董事長希望禮物不是吃的或喝的。即使如此，我還是請他幫忙詢問，用咖啡當股東會贈品的可能性，因為這筆錢對孩子的就學有很大的幫助，而且接下來就要繳學費了。

隔天早上，那位小姐打給我：「小美，董事長擔心股東吃出問題，還是不希望禮物是吃的或喝的。我很希望張秀菊基金會能拿到這張訂單，但是很抱歉，如果沒有其他的選擇，這次只好先放棄，下次還有機會。」

不試，永遠不知道結果

當天下午三點多，我路過教會時正好跟牧師、師母聊到這件事，我說我很遺憾沒能拿到這張訂單。師母聽了不以為然：「你放棄了嗎？為什麼要放棄？妳可以創造更多的可能啊！」她靈機一動，提議可以改用手工香皂，去找認識的廠商進最便宜的貨，自己來包裝設計，也許可以拿到訂單。

「可是現在已經下午三點多，搞不好對方已經找到適合的產品……」

「沒有試試看，妳永遠不知道結果如何！」

師母的話，像暮鼓晨鐘般敲醒我。我想到，很多時候我們站在T字路口，前方看似沒有路，但走近一看，才發現原來只是個轉角。如果我去嘗試，就有可能創造一半的機會。

我趕緊打電話給企業的窗口，我說：「我想要為孩子拚一下，請問你們找到股東的小禮物了嗎？」我把跟師母整個對話過程分享給她，說明我們想將手工皂包裝設計成漂亮的小禮物，請對方再給我們一次機會。原來他們同時找了幾個社福機構提案，其中有一家社福機構也是手工香皂，當天下午正好要開會討論。結果她被我感動到了，請我快點將樣品照片傳送過去。

我緊急找了一位做手工皂的朋友幫忙，設計好包裝就立刻拍照傳過去。出乎意外的是，當天晚上六點半就傳來好消息：我們接到了這筆一萬五千個手工皂禮物的訂單！對方問我何時能出貨？因為數量不少，她希望分成兩個階段，十天後先出一半，再十天後出完另一半，問我是否來得及？

記得《聖經》詩歌中有句話說「在人不能，在神凡事都能」，在我的字典裡，沒有「永遠不可能」，所以我告訴對方，我們會準時完成。我很感謝神的幫忙成就了這件事，但接下來要做的工作，卻是很大的挑戰。

求救，不是軟弱的行為

我們得先進貨一萬五千個手工皂，然後按照提案設計的樣品做包裝：先包膜，再包上漂亮的牛皮紙，然後綁上麻繩、繫上卡片，卡片上要印祝福的話（聖經《約翰福音》十五章十二節：「你們要彼此相愛，像我愛你們一樣。」），外面還要貼貼紙，附上基金會的logo和使用注意事項，最後是裝箱。

我把訂單交給當時的逗點咖啡店長，她拍胸脯保證：「沒問題，我們可以接，我會『落人』（台語，找人來）來包皂！」師母好人做到底，她幫忙找到手工皂工廠，老闆知道這是幫助孩子用的，願意以最便宜的價格賣給我們；師母還和志工幫忙搓麻繩，忙到深夜，搓到手指都紅腫疼痛。

好不容易包裝紙、麻繩、貼紙終於一一到位，就交給逗點負責包裝。沒想到此時竟發生了令人難過的事：剩下三、四天就要交出第一批七千五百個手工皂，逗點卻只能找到兩個人來包皂，僅完成不到一百個……。

我在教會分享這件事，想到趕不及出貨，不僅讓對方發不出禮物，也會打壞基金會的誠信，忍不住傷心地哭了。我對主禱告：「主啊，祢給我祝福，讓我拿到這份訂單，代表相信我是可以完成的，但我卻沒有能力承接。無論如何，祢要幫我『落人』啊！」教會姊妹很可愛，她們知道我的困難後，紛紛騎機車到逗點，一箱又一箱搬皂回家包裝。

但這樣還不夠，我瞭解這個時候必須對外求援，面子一點都不重要，我趕緊在各個群組發出求援的訊息。沒想到，奇蹟發生了！

「我要找小美！」逗點咖啡陸續出現許多認識的和不認識的朋友，連出家師父都趕來幫忙，咖啡館裡自動出現四條人工生產線，有包膜、摺紙、包紙、綁繩、繫卡、裝箱，約莫有二十來位志工朋友，大家齊心趕工。

在緊要關頭，整個基金會也動了起來，誰有空就過來幫忙，連會計也跳下來，把手工皂搬回家包裝。在大家合力幫忙下，終於在期限的前一天傍晚，趕出七千五百個手工皂禮物！

阻礙前進的是心態，不是環境

誰說不能在三天內包裝完成七千五百個手工皂？神給了我們祝福，但我們回應的態度是要怨天尤人，還是全力以赴？

這件事讓我回想起，有次員工訓練，基金會董事長張良卿帶大家去爬合歡山北峰的經驗。我生平最討厭的就是爬山，連很親民的台中大坑九號登山步道都未曾攻頂過，更何況是爬百岳，加上聽到同事的善心提醒：「出發前一天晚上一定要睡飽，不然失眠很容易會有高山症喔！」那晚，我果然失眠了！

出發前，董事長將同仁分為兩組，一組是體力差的，要走在前面；另一組是體力好的，要走在後面。社工平均年齡二十多歲，那時我四十多歲，算是體力差又年紀大，必須走在隊伍的前中段。

我的裝備齊全，戴著防曬的面罩、手套，手拄登山杖，開始向上爬，沒想到才踩幾階就感覺呼吸困難。我遙望著前方的遠山，數著腳下的地標，因為擔心無法攻頂，變成同事的負擔，恐懼感讓我愈來愈無法呼吸。這時，我停下來向上帝禱告，請主引領我攻頂。禱告完，我開始調整呼吸與腳步的節奏，焦點不再放在數算還要走多遠，沒想到奇蹟發生了，我居然可以一馬當先，成為最快攻頂的人！我在目的地吃完午餐後半小時，才看到後面的夥伴陸續上來。

那次爬山的經驗讓我深深體會到，很多人習慣把困難先放在前頭，而不是目標。**人們很容易被眼前看到的「不可能」所牽制，其實，阻礙我們前進的不**

跟基金會同仁爬合歡山北峰的經驗，讓我體會到：通常阻礙我們前進的不是環境，而是我們的思維。

是環境，而是我們的思維。

當我遇到訂單無法出貨的危機，立刻想到最大的阻礙其實是自己的心態，當下決定無論如何都要全力以赴、解決問題，於是在各個群組呼求幫助。

在重要的時刻求救，不是軟弱的表現，而是勇者為了解決問題。

我非常感恩在第一時間知道我有困難時，願意給予協助的所有善心天使們，如果不是他們的幫忙，我們沒辦法順利達成任務。因為這份愛，成就了一件很美的事情。

夥伴間需要信任與包容

這張大訂單不僅考驗了我們的決心，也考驗了基金會夥伴間的信任關係。

《聖經》裡有句教導：「當事件發生時，你要看重事件，還是關係？」曾經有位父親買了昂貴的腳踏車，兒子借去騎到圖書館，沒想到腳踏車被偷走了，其實兒子發現腳踏車被偷的時候，心裡已經很自責難過，回到家裡，他誠實的告訴父親，卻被生氣的父親重重打了一拳。原來腳踏車比兒子重要，因為這位父親看重的不是與兒子的「關係」，而是「事件」，但往往贏了「事件」，卻輸了「關係」！

當我發現進度嚴重落後的問題時，並沒有浪費時間去指責逗點的夥伴為何沒遵守承諾，也沒有因此不相信他們的辦事能力。雖然在趕工的過程中，難免有同仁私下抱怨有人事情沒做好、說大話，連累到大家，但夥伴畢竟就像家人，抱怨歸抱怨，最後大家還是都跳下來幫忙。

記得第一次去山上的沙連墩接受員工訓練，在「樹林冒險」單元，有一關要培養員工的信任關係，必須站在「低空冒險」的高台上，大喊「我信任你」，然後要往後倒，讓下方的夥伴接住。這是一種全然的信任，你必須相信夥伴們會盡全力保護你。

在團隊裡，有時難免因為夥伴能力的不同，執行效率可能沒有預期中好，或是做了錯誤的決策，但我們還是必須選擇相信夥伴，彼此包容提醒，才能一起達成目標。

從義賣經驗累積自信

在我進入基金會的第四年，終於舉辦基金會成立以來的第一場感恩募款餐會。在此之前，執行長曾問過我幾次可否舉辦募款餐會：「你可以辦了嗎？」」，但我的答案都是：「還不行！」

這段期間，我做了一次又一次的義賣活動，總是單槍匹馬帶著上百包逗點青少年公益商店自行烘焙的咖啡，到活動現場擺攤。每次義賣，我都給自己設下目標：帶去的咖啡一定要賣完，絕不能變成逗點的囤貨。

義賣除了要有策略，還要選在人多的地方，而且必須主動出擊。例如，我會主動聯繫保險公司，拜託處經理讓我在公司開早會的現場做咖啡義賣。如果直接要求到對方的辦公室做募款一定會被拒絕，但若做愛心義賣就比較容易被接受，因為業務員可以買咖啡送給客戶，開會時也可以自己喝。通常我會請對方給我五分鐘的時間上台分享，讓我介紹張秀菊基金會的故事、現況和所需要

位於台中洲際棒球場附近的逗點青少年公益商店，又叫逗點咖啡，是張秀菊基金會附設的社會企業，自行烘焙的咖啡，是愛心義賣募款的主力商品。

的幫助。我會事前先準備好簡報，有五分鐘、十分鐘和十五分鐘的版本，視現場情況決定要採用那個版本，另外透過簡報希望能提升基金會的知名度。

其中有十多場義賣是跟著一位生命鬥士全台巡迴演講的場子走，演講活動由幾位企業家贊助，很感謝主辦單位不僅讓我在現場做義賣，甚至將某場大型演講活動的門票收入全數捐贈給基金會。

在演講尾聲，主辦單位都會給我五分鐘時間，上台介紹張秀菊基金會，我會告知現場聽眾：「支持我們的孩子，除了捐錢之外，如果有喝咖啡的習慣，也可以買包咖啡支持孩子，給孩子一個機會，或跟我說『小美加油』！」每一場我都收到很多人跟我說「加油」，這都是我們前進最大的動力。

因為我只有一個人，通常我會請主辦單位協助指派志工小天使，兩人一組，一手拿著袋裝咖啡，一手拿著小型捐款箱，在活動現場走動叫賣。義賣的咖啡有兩種包裝，小包一百八十元，大包三百五十元（最近因為物價上漲有調整價格），大包一次買三包算一千元。有些人投入千元大鈔，卻只拿了一包咖啡，多餘的錢就當作捐款。我們曾經一場演講就賣掉三百多包咖啡，還有一次連續兩個晚上的演講，包括義賣和捐款總共募得七十多萬元（這場公益活動特別感謝高雄德昌藥局全力支持與贊助）。

我發現，義賣搭配捐款箱的「行動式義賣」會比擺攤義賣的效果好很多，因為一般人都不太主動，所以一定要主動出擊，銷售是看氛圍，當別人有購買的行為出現，也會引發其他人跟進。

有了這兩、三年藉由義賣、分享、宣傳等活動，點點滴滴累積經驗與人脈，我感覺自己的心臟承受力愈來愈強大，而且只要「做對的事」，神都會給我正面回應，再加上眼看著奇歷兒少之家興建的迫切性，讓我終於有勇氣主動跟執行長說：「我們來辦募款餐會吧！」

第一次舉辦募款餐會

決定舉辦募款餐會最重要的關鍵點，就是幫助奇歷兒少之家建院。

以往每年三月三日基金會的「生日」，我們都會在石岡沙連墩戶外冒險學校，舉辦「會慶」，以嘉年華園遊會的方式進行，邀請捐款人參加，參加者可以跟孩子們互動，認識張秀菊基金會是怎麼輔導、照顧這群孩子，同時也讓孩子學習以小主人的方式服務這些幫助過他們的捐款人。近幾年，我們決定將會慶轉型為募款餐會，擴大規模，提高募款的成效，讓基金會可以穩定的發展與達成社會使命。

二〇一六年一月，我決定要舉辦募款餐會，當時距離三月份活動的日子，只剩下短短兩個月的籌備期，但又適逢春節期間，對我們來說其實有些挑戰，因為這是我們第一次舉辦募款餐會，完全沒有任何經驗值。當下執行長立刻召集基金會所有主管開會，爭取大家的共識和支持。但我們沒有經驗，要怎麼開始呢？

我曾參加過某協會的募款餐會，除了吃飯，還有小孩的表演活動，桌上會放著一個奉獻袋，讓出席人士自由捐獻，所以對這樣的餐會多少有點概念。

我們的計畫是，先設定總募款目標為五百萬元，十人一桌，目標是八十桌，共八百張入場餐券，每張餐券售價兩千元。在認購餐券外，也可以採認桌制（包

最初是為了幫助兒少之家建院才開始舉辦募款餐會，動員基金會所有同仁參與，機構的孩子也會上台表演。

桌），認一桌是兩萬元，除了捐款人自己，還可以再邀請九個人，招待親朋好友來吃飯、看表演，一起同樂，同時深度認識張秀菊基金會，我們期待後續可以引發更多的捐款。

首要的任務是，必須把餐券推銷出去。各部門要分擔負責的桌數，像執行長一口氣承諾完成十桌，沙連墩、向陽和奇歷兒少之家各自承諾了一、兩桌，也請基金會同仁幫忙銷售餐券，剩下的就由我負責。

基金會的社工大多不懂怎麼推銷餐券，所以我得努力找願意認桌的人，但我一天頂多只能拜訪二到三人，幾十桌的額度，只有短短兩個月的時間，根本不夠用。幸好平常有經營人脈，參加獅子會、扶輪社、群鷹會等團體，認識了不少企業老闆，我發現，只要能從中找出「肉粽頭」，也就是影響力和信任度最高的人，把基金會的需要變成對方的責任，借力使力，找人認桌並沒有想像中的困難。

但是，完成認桌只達成了一百六十萬元，離五百萬元的目標還很遠，那要用什麼策略把它完成呢？

有些捐款人在認桌後，想幫基金會省錢，會告知不會出席，但是太多空桌會影響未來我們辦活動的信心度，而且第一次的成功經驗，對我們來說很重要。於是，我跟捐款人說：「如果您只認桌而不出席，基金會就只能收到兩萬元的捐款；若您能邀請朋友來，讓張秀菊基金會被看見，很有可能一桌可以創造二十萬元的捐款。」

另外一個重要的行動是在餐會之前，我會先去拜訪已經認桌的企業主，告訴他們這次募款餐會的目標，希望他們在募款餐會時率先捐款，拋磚引玉，引發現場其他來賓因為感動而採取行動。

餐會的精心設計

我負責找人認桌不是問題，但募款餐會的宣傳、活動表演和現場舞台布置，以及整個流程的掌控等，就必須靠基金會團隊夥伴的通力合作。整個分工包括：行政組、財務部、宣傳組、接待組、報到組、場控、桌邊小天使和後援部隊。

募款餐會預定十一點半開始入場，會先播放一段影片開場，由我擔任主持人，掌控流程和時間，社工同仁擔任招待，還要安排「桌邊小天使」，會計同仁要負責統計捐款，用餐中間要穿插表演、影片，請人上台說些感動的話，讓感動持續到孩子們出場表演。每張餐桌上都會為與會者準備好捐款袋，結束後可以帶回，或是當場寫下願意認捐的金額和聯絡方式，之後會有專人主動聯繫。

我們會在每桌安排「樁腳」，通常第一位捐款者出現，桌邊小天使會當場協助開立收據，現場主持人也會唱名，同時會出現在舞台旁的跑馬燈上，讓捐款被「看見」，之後同桌的人就會紛紛加入捐款行動。

第一次舉辦沒有經驗，但所有的經驗，不都是從沒經驗開始？最後我們達成了當初設定的五百萬目標，這次餐會讓我們學到：**因著愛與勇氣，可以成就我們想望的事情，不會因為時間與目標的距離影響我們的信心。最讓我感動的是，團隊全力以赴一起達成目標。**

願意付出，代表生命富足

在決定舉辦募款餐會前，我問過自己：為什麼要舉辦募款餐會？目的是什麼？想要創造什麼價值？後續效應是什麼？

這幾年募款的經驗，讓我看見，所有捐款的結果代表的是建立人與人之間「愛的連結」！為什麼這些人願意「給出去」？**在奉獻付出的過程中所創造出來的感動，其實是在自己身上，因為能夠給出去的人，生命是富足的，生命的價值也會不斷的揚升。**

第四章

一千個愛心零錢箱

每個人的生命中都可能突然出現一座大山阻擋在前，
只要保持信心攀爬過去就好了。
爬山的過程雖然辛苦，但最美的風景總在最高處。

在台灣，不論是速食餐廳、大賣場或是便利超商，走到櫃台結帳時，經常可以看到不同社福機構的零錢捐款箱，放置這個箱子的用意，是要讓民眾找回零錢後，可以隨手投入做公益，讓小小的零錢化為滿滿的愛心。

為了因應店家不同空間的需求，通常在結帳櫃台旁設置小型的零錢捐款箱，另外還有發票捐贈箱，因為體積比較大，多半放在地面上。

不要小看這個零錢捐款箱，一塊錢、一塊錢慢慢累積，有時一個月甚至可以貢獻一千元以上。對許多靠小額捐款的社福機構來說，零錢捐款箱的捐款是匯聚社會資源的穩定來源。

處處是恩典

二〇一六年，很感恩中區五十嵐願意讓張秀菊基金會在它的連鎖飲料店裡（當時有一百四十多家加盟店），擺放我們的零錢箱與落地型發票箱，這對我們來說，是一個很重要的里程碑。在此之前，張秀菊基金會的愛心零錢箱只有零散放置在一些店家，數量並不多，這家大型連鎖飲料店加入後，一口氣占了八成五的比例，成為小額捐款的主要來源，並讓基金會的知名度提升。

因為愛心零錢箱分布涵蓋台中、彰化、南投、雲林和嘉義地區，範圍非常廣，基金會為此特別聘請專人負責收回零錢箱內的捐款，還對外募捐一台公務車作交通工具。當時我們正努力為奇歷兒少之家建院募款，所有零錢箱的捐款連同發票對獎，全部都轉入建院專戶內，專款專用。

過了兩年半後，這家連鎖飲料店的總公司政策異動，為了維持結帳櫃台桌面的整潔，一律撤除收銀機旁的桌上型捐款箱，但仍可繼續放置落地型的發票箱。

負責這項業務的基金會同仁收到訊息後非常緊張，很擔心未來的小額捐款會緊縮。她說，原本打算建院完成後，這些愛心零錢箱還可以供孩子們讀書，現在一下子少掉一百多個捐款點，該怎麼辦？我知道一下子被退回一百多個捐款箱，會連帶影響到未來的捐款收入，但我還是安慰她：「不要哭！其實這算是個好消息，提早給我們機會去想下一步，而不是等合約到期才來想這個問題。

所有雞蛋不能放在同一個籃子裡，我們可以去開發其他的店家啊！」

平凡上班族的非凡夢想

當天，我急著在手機上的各個群組逐一發問，詢問是否有店家願意讓我們放置愛心零錢箱。突然有位朋友麥克（本名楊育庭）開口：「小美，你要幾個？」我把整件事情的來龍去脈告訴他，然後說出我的目標：「我只要一百五十個。」對方回應：「我來想想。」

隔天，這個朋友打來：「讓我們來挑戰一個卓越的數字——一千個零錢箱！」

想不到一個年輕小伙子，居然比我更敢做夢！這位被我視為「大天使」的七年級生，是基金會眾多小額捐款人之一，他只是個普通平凡的上班族，卻可以發揮影響力，成就一個卓越非凡的夢想，幫助一群孩子尋夢、造夢！

更厲害的是，我們只花了一個月又二十二天的時間，就完成了這個夢想！

發起「一千個愛心零錢箱」的麥克，成長背景其實跟基金會的孩子相像，家中有六個兄弟姊妹，加上父親在國外工作中早逝，能從家裡得到的資源非常有限，必須很早就獨立，不斷靠打工賺錢來養活自己。他是在沙連墩參加活動時，接觸到基金會的孩子，看到他們在基金會照顧下變得更堅強，也從閉俗（台語，內向害羞）變得願意敞開心胸跟人互動，所以很願意幫助孩子。

當時我正在四處張羅孩子們下學期的學費，因為快要過年了，時間根本不夠用。但我相信，**只要願意去做，而且是做「對的事情」，宇宙萬物都會成就你的夢想**。

我們先設了一個 line 群組，取名為「張秀菊基金會傳愛零錢箱建置」，一開始只有我們兩個人，慢慢加入夥伴，一個拉一個，沒想到不到兩個月就加入了一百九十二人。我把這群志工夥伴稱為「傳愛天使」，他們都願意義務幫忙，主動去詢問店家是否願意放置張秀菊基金會的愛心零錢箱，有的人打電話去問，有的人甚至用走的一家一家詢問。中間如果遇到問題，「天使」夥伴們就彼此討論有什麼新方法可以更好。他們也在自己的親朋好友群組間分享這個消息，知道基金會需要幫助的人，如滾雪球般愈來愈多。

麥克說，當初他推這個計畫，朋友笑他是「乞食下大願」（台灣傳統俗語，乞丐許大願，意思是連生活有問題的乞丐也會有夢想，要全力打拚），也曾經被當成是詐騙集團和瘋子。但他總是保持信念，很有耐心地回答對方的問題，化解尷尬和質疑。整個尋找店家的過程，是愛支撐大家把事情做好，為了確保能及時將愛送達，每個店家都經過他親自確認沒問題後，才登記在記事本上。當初他根本沒料到社會上竟有這麼多人，願意伸出援手幫助這些小朋友，而且都不是為了自己，是為了去完成一群孩子的夢，所以令他非常感動。

投資孩子的夢想

不過，當大家很辛苦地發揮自己的影響力去說服店家的同時，我們還面臨另一個挑戰——得快點把一千個零錢箱準備好，才能讓店家及時種下愛的種子！找到店家，卻沒有零錢箱可以提供，除了從設計到製作需要時間外，重點是我

1. 張秀菊基金會的桌上型零錢箱。
2. 張秀菊基金會自行設計的落地型零錢箱。

們根本沒有製作的經費！

壓克力零錢箱的製作成本一個要三百元，預計要製作一千一百個，需要三十三萬元的經費。但我不能跟基金會要這筆預算，必須靠自己募款。

我把我們遇到的困難告訴一家台中連鎖大賣場——中聯百貨連鎖董事長陳福星，他聽了二話不說，立刻叫太太拿出現金三十三萬元交給我。他說：「零錢捐款箱是生財工具，可以幫你們創造更多的捐款，如果幫這點小忙，可以成就你們的大夢想，我可以捐！」這位董事長從投資的角度來看捐款，他更在乎的是，他的幫助是否可以創造更大募款效益。

製作零錢箱需要時間，把零錢箱送到店家也需要時間。由於答應放置基金會零錢箱的店家，遍布全台二十一個縣市，連花東地區也有，但基金會實在挪不出人力，將做好的零錢箱一一送到一千個店家手上。答應幫忙的店家遲遲沒收到零錢箱，讓當初幫忙遊說的志工都覺得不好意思。

「種下種子不能只種一半，請幫忙到底吧！」為了在最短時間內，把零錢箱送到店家手上，我只好再度呼求群組志工的幫忙。

收捐款箱的英雄

「基金會沒有多餘的人手去放置零錢箱，那之後怎麼會有人力去收零錢箱的捐款？」想到這裡，我決定對外招募願意負責收零錢箱捐款的志工。因為牽涉到金錢，非同小可，所以我跟每位參與的志工都親自面談過，同時設下收零錢箱的SOP（標準作業流程），請全國各地的志工都照著做。

負責收零錢箱的志工到達愛心店家後，必須當場清點零錢箱內的捐款，填寫統計表格（包括一元、五元、十元銅板及百元鈔各自的數量），接著請店家老闆確認金額後簽名，然後封袋帶回基金會。如果店家距離較遠，不方便把錢攏回，就請志工就近直接將捐款匯入基金會的指定帳號內。

每位幫忙收送零錢箱的志工，都是基金會的英雄。有次，我看到一位六十多歲的志工，在寒流來襲的時候，還頂著大雨騎機車去送零錢箱給店家，那個畫面真的好令人感動！

有位負責收捐款箱的志工，他常覺得自己沒做什麼，只是幫忙把放在各處捐款箱裡的零錢收回算好，再送到基金會而已。我告訴他：「你正在做一件了不起的事情！捐款者投了十塊錢在盒子裡，如果沒有你送到基金會，拿來用在孩子身上，那個一直躺在盒子裡的十塊錢也只是個銅板，沒有價值。」

我們很感謝遠在花東地區的愛心店家願意幫助基金會的孩子，但考量到花東地區幅員廣闊，志工人力不足，二〇二〇年五月我們決定撤回當地的捐款箱。因為基金會設在台中，我們很希望未來能把捐款箱集中放置在大台中地區（中彰投雲嘉），目前每個區域都已部署志工，很期待能有更多店家願意加入守護天使的行列。

與店家共好

對我們來說，願意放置基金會零錢箱的愛心店家，就像我們的分身一樣，店家的生意好、能長期經營，給基金會的捐款才能長長久久，所以我們很希望能與店家一起「共好」。

二〇二〇年的新冠病毒肺炎疫情，對許多店家帶來不小的負面衝擊，連帶也影響到零錢箱的捐款收入。我們會主動關懷店家，給對方加油打氣，並主動送上基金會出版的會刊，讓對方開始關心、瞭解基金會所做的事，不只是「有個機構在照顧弱勢處境的孩子，放個捐款箱幫忙出點力」而已。我們希望每位店家老闆也能夠瞭解，他們正在做的好事將會產生多大的社會影響力，因為**每一塊錢的捐款都是一股愛的力量，現在種下金錢的種子，將來會在自己的生命裡成長、茁壯**。

在接觸眾多愛心店家、收回捐款的過程中，我們發現好多感人的故事。

像有個放置在美容美體工作室的零錢捐款箱，志工光清點捐款就足足花了一個小時，發現裡面居然有一萬多元！沒想到一個小小的工作室，居然是捐款的「巨無霸」！這個美容美體工作室是一位獨力扶養三個孩子的單親媽媽經營的，因為這個媽媽當初在人生低潮遇到困境時，曾經接受社會的幫助，所以得知基金會孩子的處境後，立刻同意在店裡設置愛心零錢箱。如果客人想要刮痧或擠臉上的痘痘，她替客人服務時會告知她不收錢，但請客人直接把錢投入捐款箱，做善事幫助孩子，有些客人知道張秀菊基金會的故事後，到工作室做完臉就會自動投錢下去。

工作室老闆娘說，她希望盡一點力量幫助基金會的孩子上學，將來在社會上成為有用的人，長大後還能繼續傳愛，去幫助更多的孩子。她也期望自己成為三個孩子的榜樣，當孩子看到媽媽做好事，長大後也願意這麼做。

要跟黑社會搶孩子

在台中忠孝夜市經營三十多年的蔡家豆花店，也是愛心店家之一，攤位上

1. 中信房屋團隊一起認養愛心捐款箱。
2. 小美（右）到台南艾佳能量活妍館點收零錢箱內的捐款，與店家合影。

放置的愛心零錢箱居然放不到半個月就裝滿了！原來是因為政府的限塑政策，店家不主動提供塑膠袋，但如果客人有需要加購提袋，這個店家就會請對方把一元直接投入愛心零錢箱，因此很快就裝滿。

一位台北饒河夜市的攤商是因為到沙連墩露營時，聽到大熊老爸（基金會董事長張良卿）說的一句話：「要跟黑社會搶孩子！」便加入了愛心店家的行列。她帶著夜市攤商共襄盛舉的愛心捐款箱回到逗點咖啡時，提到每年暑假她都會關注大熊教練每天在網上分享帶著孩子環島自立生活訓練的行程，無論颳風下雨，看到孩子們都勇敢向前走，非常佩服基金會孩子們的勇氣。她說，她很希望基金會收的孩子愈來愈少，這樣代表台灣社會愈來愈好，所有父母親都負起教養的責任，就不會讓孩子受傷難過，雖然基金會可以保護和疼愛孩子，但孩子還是希望得到原生父母的真心對待。

發起「一千個愛心零錢箱」的「大天使」楊麥克，後來又發起「心想事成公益分享會」活動，由愛心店家免費提供場地，邀請以「愛的業力法則」心想事成的人，分享自己成功的人生經驗，希望帶給其他人正向的啟發，而參加者支付的報名費就全數捐給愛心店家放置的零錢捐款箱。

愛心店家令人感動的故事不勝枚舉，當然，我們也曾遇過少數店家因為生意不好，要我們把捐款箱拿回去，甚至收店後直接把捐款箱拿去回收的情形。

店家願意熱心幫忙，我們也希望盡一點棉薄之力，幫助店家生意更好。我們特別專訪了一些愛心店家，講述他們為什麼願意幫忙，並拍攝成影片，放在基金會的臉書（Facebook）和影片分享平台YouTube上，希望讓社會大眾也能感受到他們的愛心，進而透過支持店家的消費，幫助基金會的孩子。

原本的危機，在大家的努力下，反而帶來了更多的機會。這件事讓我深深體會到，**每個人的生命中都可能突然出現一座大山阻擋在前，只要保持信心，**

努力攀爬過去就好了，下次再遇到也不會害怕。爬山的過程雖然很辛苦，但最美的風景總在最高處，走在平地時是看不見美景的。因為，有困境才會有甜美的果實。

第五章

實現十多年的夢想

所有的大夢想都是從小夢想開始成就，
當小夢想的目標達成，
你就有信心挑戰更大的夢想。

我永遠記得，第一次到位在石岡的奇歷兒少之家拜訪的經驗，當時很驚訝原來育幼院長這樣，還留下「這個機構好窮」的印象。

奇歷兒少之家正式成立於二〇一〇年三月。位於石岡明德路的舊家前身是間老人安養院，但荒廢已久，最初是一群朋友特地在台北舉辦音樂園遊會為張秀菊基金會募款二百八十萬元，才有經費承租下來。這棟一百多坪的平房太過老舊，經常漏水，還四處長壁癌，但基金會每年要繳房租一百二十萬元、修繕費用約三十萬元，加上孩子的生活費、學雜費，連孩子的書桌都是靠募捐而來，根本沒有多餘的預算大幅翻修。

走進孩子的房間，每間有四張單人床，因為正值青春期的孩子很好動，房間裡的窗簾常被扯下一半，床板、椅子都有破洞，原本掛在牆上的電扇也經常故障，志工只好幫忙改裝嵌入天花板，才不會被破壞。雖然硬體環境不是很理想，但社工和孩子一起替每扇房門都上了彩繪，要讓居住的環境更像個家。

基金會從二〇〇五年開始，承辦台中市政府公辦民營的不幸兒童少年安置業務「台中市向陽兒少關懷中心」，負責二十四小時緊急收容安置，服務對象為遭受家庭暴力及家庭功能不健全的兒童和少年。沒想到需要保護的兒少人數不斷增加，但向陽有一定安置人數的限制，無法超收，每年不得不拒絕二十幾個需要幫助的孩子。每拒絕掉一個孩子，大熊老媽郭碧雲（當時是向陽兒少關懷中心主任）當天晚上一定會睡不著，大熊老爸張良卿（當時是張秀菊基金會執行長）看不下去，就跟太太說：「既然擔心，那我們就另外再成立一個兒少之家吧！」

當時，大熊夫婦在心中默默許下承諾，要為這群孩子準備一處安全永久的家屋，他們只有一個信念，就是要讓孩子有處可以安心睡覺的地方，然後用愛陪伴他們成長。這就是奇歷兒少之家的由來。

建院的挫折與挑戰

為了多照顧一些失家的孩子，大熊老爸曾在北屯區一處優質社區貸款購屋，打算在當地設立永久的兒少之家，遺憾的是，因為社區居民不瞭解孩子的狀況，擔心影響社區居住品質，極力反對孩子入住，為了不讓孩子因此再度受到傷害，最後只好中止計畫。

隨著孩子愈來愈多，空間需求也愈來愈大，只好暫時先租屋解決奇歷兒少之家空間的燃眉之急。石岡明德路上的老房子雖然老舊，但符合兒童少年安置機構設立的要求，可以同時安置三十個孩子，只是每次租約到期，都要提心吊膽，擔心房東不再續約，讓孩子沒地方可住，畢竟租房子還是有它的不穩定性。

考量到基金會無法向銀行貸款購屋，兒少之家又很難進駐一般社區，想要有自己的永久家園，唯有自行建屋一途。為了快點讓孩子有更好的環境居住與成長，基金會很早就開始籌措兒少之家的建院基金，但募了四年下來，只募到二百五十萬元，根本連買下一塊農地的錢都不夠。

建院募款金額依規定必須專款專用，而且每個勸募專案都有時效的限制，必須在承諾的時間點內達成預定計畫，否則必須將所有捐款通通還給捐款人。大熊老爸幾經思量，決定購地不足的金額就先由他出面貸款，再把錢借給基金會去買地，最後在石岡買下一塊九百多坪的農地。

奇歷兒少之家原本的老舊平房是承租的，興建新的永久家園是機構裡所有孩子們的夢想。

二〇一三年，奇歷兒少之家終於有了自己的建院用地。雖然農地比較便宜，但要蓋房子得先將農地申請變更為社會福利用地，後來才發現，申請變更地目不僅程序複雜，跑流程還要耗費數年、甚至數十年之久，根本緩不濟急。基金會唯一能做的，就是繼續募款、存更多的建院基金，另買一塊建地來蓋永久家園。

想「家」的渴望

基金會是財團法人非營利組織，沒有固定的收益，所以通常銀行不會將錢貸款給非營利組織，只能靠募款，然而社會上多數的人比較願意捐款給急難救助或助學金的項目，捐款給基金會購置資產的意願通常較低，所以不少社福團體想要自行建屋，興建永久家園，常常因為資金無法到位，蓋了很多年都蓋不成。

機構裡的孩子在自己的原生家庭受到傷害，其實他們的內心都渴望有一個家，而那個家是安全的、能給予愛的地方。我們承諾要照顧孩子，但如果連給孩子一個家都做不到，怎麼能說愛孩子呢？為了實現給孩子「家」的夢想，只有堅持募款下去。

我在二〇一二年初到基金會任職後，承接下籌募建院基金的重任。當時我準備了一份還不完整的建院募款企劃書，總是隨身帶著去拜訪各企業的董事長。很多董事長都會問我：「你們要蓋在哪裡？」當時資金根本不夠，連蓋房子的土地都還沒有著落就開始募款，現在回想起來，整個募款過程還真像「詐騙集團」。

籌募建院經費的過程困難重重，購地是第一關，蓋屋是第二關。基金會的「家在有你——奇歷兒少之家興建勸募計畫」自二〇〇九年起啟動第一階段購地募款，終於在二〇一五年匯聚六千八百七十九個愛心，完成一千九百六十二萬多元購地經費的募集，在石岡買下一塊一百三十坪的建地，作為新奇歷兒少之家的建院基地，一路走來，足足花了七個年頭。

但是，買了地已經沒有多餘的資金蓋房子，所以我們又啟動第二、第三階段奇歷兒少之家建築物興建工程款三千九百四十萬元、設施設備及裝修費用八百五十五萬元的勸募活動。眼看兒少之家原址的租約將在二〇一七年六月到期，我們請房東再給我們延租兩年，在這場與夢想拚搏的馬拉松，我知道我必須加快腳步，跟時間賽跑。

為建院設立榮董制度

我曾經想過，全台中市約有一百萬戶家庭數（以二〇二〇年九月台中市政府的統計為準，共九十九萬九千兩百六十六戶），假如每個家庭都願意捐一百元，那我們就可以有一億元的建院基金。但是要向一百萬個家庭募款，實在太困難！

我們從每個人認捐一百元、存愛心小豬撲滿開始推展建院募款，但因為速

成為基金會的榮譽董事後，會被授予一條守護徽章項鏈（右），並贈送限量版逗點公仔熊作紀念（左）。

度太慢了，接著又改推認捐一個一千元的「愛心磚」計畫，只要找到六萬個「磚愛天使」，就可以有六千萬元的建院基金。

昆兆益精密工業董事長吳睿鴻知道基金會需要為建院募款，建議我們設立「榮譽董事」。「要擔任榮譽董事不是每個人要捐一百萬嗎？」我問，他回答：「不用，只要認捐三萬元就可以當榮譽董事，這樣只要找到兩千位榮董就夠啦！」這個提議讓建院募款的目標變小了，看起來更容易達成。

我的臉皮比較厚，很勇於開口，吳董事長剛提出建議，我馬上接著說：「那算你一位！」當天他正好和四位朋友來逗點咖啡聚餐，我隨即又補了一句：「在場聽到的都要一人一份喔！」於是，我們就立刻有了五位創始榮譽董事。

我主動邀請吳董事長擔任榮譽董事會的主席，請他協助我們發展策略，招募兩千位榮董。第一次籌備會議來了十多人，邀請的對象都是可能加入榮董的人選，我當場請他們協助「榮董倍增計畫」，發揮他們的人脈影響力，為基金會尋覓更多的榮董。

我認為，這些受邀加入的榮董，除了捐款做好事外，也應該對基金會有更深入的認識，所以我花了一些時間逐一去拜訪、認識他們，介紹基金會這幾年所做的事。

很感謝勝緯營造總經理張志銘，當他得知我們為了建院發起榮譽董事計畫，立刻發揮影響力邀請十多位企業朋友加入榮董。他們公司每年尾牙都會特別準備三桌，邀請孩子們參加，張總經理在尾牙聚會上還主動幫基金會向廠商募款，他自己會率先捐出十萬元，拋磚引玉，每場尾牙下來，可以募到幾十萬元。從張總經理身上，我看見了真正善盡社會責任的企業家精神。

加入基金會的榮譽董事後，會被授與一條守護徽章項鍊，心型的徽章裡面有一個家，屋頂下是張秀菊基金會藍色的logo。吳睿鴻董事長每天出門前都一定要配戴上這條項鍊，他和太太mimi、三個孩子都陸續加入了榮董的行列。

基金會的「榮譽董事」制度很單純，只要捐款達三萬元以上，就可以成為張秀菊基金會的終身榮譽董事，獲頒聘書和一個限量的陶瓷逗點公仔熊。三萬元對許多企業家來說是小錢，但對有些人來說，三萬元並不是筆小數目，所以也可以用長期認捐的方式成為基金會的榮董。

像有位單親媽媽很想加入榮董的行列來幫助孩子，她選擇用分期付款的方式，月繳三千元成為基金會的榮董，而且自己繳完後又繼續分期捐款，讓兒子也成為榮董。這讓我非常感動，因為做公益並不是有錢人的專利，只要願意，每個人都可以。

沒錢動工的動土典禮

因為工程預算遲遲沒有著落，那塊滿布石頭、長滿雜草的空地一直擺在那裡。我心想，讓基地空著等待資金到位也不是辦法，如果能先整好地，就代表我們有決心要建院，只要有決心，相信錢就會進來。所以我極力說服執行長先舉辦動土典禮，邊建邊募款，這樣大家才會相信基金會真的要建院，如果地一直空在那裡，別人可能會以為你是「詐騙集團」。我告訴她：「雖然沒有錢，但我們還是得動工，因為**唯有行動，愛才是活著的！**」

通常民間在興建工程前，會在基地象徵性的頭一次動鋤頭，透過動土儀式宣告即將在此地興工建宅，並祈求作業一切順利。我們沒有特別挑選良辰吉日，就選了一天有空的日子舉辦動土典禮。我們先請人整地，然後架設棚架和舞台，在中央做好方形土堆，並準備多支金色鏟子，綁上紅色緞帶。這個動土典禮是我們承諾孩子把家園蓋起來的決心，但其實內心卻是無比的恐懼——沒錢怎麼蓋房子？

我一直在思考，該如何在動土典禮上，向捐款人呈現張秀菊基金會，後來我想了一個點子：帶孩子們手做陶土盆栽，然後在盆栽裡種下一棵小樹苗，並在每個盆栽外面刻下榮譽董事的名字，動土典禮當天，由孩子親手送給榮董，表達對他們的感謝。當時我們已經有三百多位榮董，所以共準備了三百多個小

1.2.3.5. 雖然工程資金尚未到位，但還是整地、舉辦動土典禮，展現建院的決心。
4. 新的奇歷兒少之家落成典禮。

孩子們親手做陶土盆栽，並種下一棵小樹苗，在動土典禮上親手送給榮董後，彼此互相擁抱。

樹盆栽，而且每個造型都不一樣，就跟每個孩子獨一無二的個性一樣。

二〇一七年八月十九日舉行動土典禮那天，我們請出席的榮董上台，然後孩子們一字排開，把親手做的盆栽送給台上的榮董，榮董拿到盆栽後，感動地擁抱孩子。有位榮董當場激動地說：「我們要為孩子站出來！我要認捐一個房間！」

我跟基金會的榮董說：「榮董不只是捐款三萬元而已，還影響了孩子的未來。孩子就像一塊陶土，而你就是陶塑者，幫忙型塑孩子的生命，未來可以成為有用的器皿；孩子也像盆裡的小樹苗，需要愛的灌溉，未來才有機會長成大樹。」

因為只有部分榮董出席動土典禮，後來我還帶著這些小樹盆栽，開車全省跑透透，逐一送給沒能與會的榮董。我們特地選用發財樹的樹苗，有些榮董很細心呵顧這個小樹盆栽，特地移植到大盆子裡種植，後來還有榮董驕傲地對我說：「你看，我的小樹苗已經長大了！」。

認捐房間或愛的支柱

無論舉辦任何一場活動，我都會先想好我要創造什麼效果，並且在活動舉辦前就先把「樁腳」找好，動土典禮也不例外。

我在活動前帶著募款企劃書去拜訪多家企業董事長，告知我們何時要動土，預定要蓋幾層樓、幾個房間，因為一次募捐三萬元的速度太慢，我們又必須在很短的時間內募到足夠的興建工程款，所以另外推出不同的認捐方案：如果願意一次捐十萬元就是捐一根「愛的支柱」；若願意贊助「房間」，可以依坪數大小，分為四人房一間八十五萬元、三人房一間五十八萬元和三人房一間四十八萬元的認捐單位，將來會在蓋好的房間貼上捐款人的名字，以示感謝；也可以認捐五萬元，成為「大地天使」；或是認捐設施設備、成為榮譽董事等。

動土典禮那天，我們在舞台上用之前為建院募款推出的愛心磚撲滿，搭建成一個房屋的造型，屋頂上頭寫著「家在有您」，房屋中央是一個白色的愛心圖案。活動現場設置了一個「愛心版」，若有人想要捐款，我們就當場歡呼、唱名，同時表達感謝，接著在版上貼上一個愛心，上面註明認捐者的名字和金額，創造一個踴躍認捐愛心的氛圍。

那天天氣炎熱，舞台上擺滿了小樹苗盆栽，臨時搭建的遮陽棚下擠了許多捐款人，但沒有任何人抱怨天氣炎熱。當我看到孩子把小樹苗送給榮譽董事後彼此互相擁抱的畫面，深深感動了我，當下我已經不在意會有多少捐款進來，因為愛已經滿足了世間所有的一切。

非常感謝許多企業參與這個建院行動，很感恩昆兆益精密工業股份有限公司、中聯百貨連鎖公司、思誠國際有限公司、林世芳社會福利慈善事業基金會、社團法人彰化縣金瑞瑩四喜慈善會、慧國工業股份有限公司、台中市玉山獅子會和正隆關懷兒童基金會認捐房間及愛的支柱，還有很多守護天使紛紛加入我們的榮董行列。

愛是成就所有一切事情的源頭，當天我們募到了六百多萬元，超出原先的預期，款項全數用來建院，讓我們離夢想家園又更近了一步。

一個堅守承諾的企業

在建院過程中，有個很棒的故事一定要分享。

新奇歷兒少之家尚未動工前，喜陽能源科技總經理蔡安德得知我們要建院，主動告知等房子蓋好，要捐給我們太陽能發電設備，他還特地去看兒少之家預定地，發現還是一塊都是石頭和雜草的空地，可能還要好幾年才能落成。當時我們還在募款中，也不知道何時才能動工，並沒有把這件事放在心上。兩年後，蔡總主動打電話來詢問工程進度，那時已經開工了，接到蔡總的電話，我們都覺得很不可思議，因為很少捐款人會主動上門，原來蔡總不是那種講場面話的人，他是真的會遵守當初的承諾。

兒少之家落成後，喜陽捐贈了一套一百多萬元的太陽光電設備給張秀菊基金會，裝設在兒少之家的屋頂，未來這套設備產生的電力將全數由台電保證收購，所有收益都會給張秀菊基金會。四、五十坪的屋頂預估一年可以創造十五到二十萬元的收入，而這套設備壽命預估可達二十年，因此可以為基金會帶來持續穩定的挹注。

蔡總從綠色能源的角度，發想出雙贏的永續公益模式：由企業捐贈太陽光電設備給社福機構，捐贈可以幫助企業抵稅；而社福機構跟政府簽約賣電二十年，可以持續得到穩定的收益，減輕募款的壓力。不論企業或個人都可以在住家、辦公室或工廠（部分）屋頂裝設太陽光電系統，除了可以隔熱，還能指定某個區塊捐給社福機構，將來該區塊的賣電收益就會直接給社福機構；或是將屋頂租給喜陽裝設太陽光電設備，喜陽每月會給予回饋金，連續二十年，企業或個人可指定將回饋金捐給社福機構，這樣做公益就不會變成沈重的經濟負擔。

他在二〇二〇年張秀菊基金會的感恩餐會上，呼籲在座的企業家不妨善用自家屋頂發電做公益，就算沒有屋頂，也可以集資借用別人的屋頂發電做公益。這種創新的公益模式讓捐款人和基金會同享其利，讓「陽光」照亮了孩子的未來。

兒少之家終於歡喜落成

從二〇一六年元月「榮譽董事」的募款機制正式上路開始，到二〇二〇年我們共有將近五百位榮董，雖然沒有達到預定目標的兩千位，但興建新奇歷兒少之家的夢想已經實現。

歷經十年的努力，在社會各界的愛心人士奉獻下，新奇歷兒少之家終於在二〇一九年順利落成，十二月十五日舉辦入厝活動，二〇二〇年三月孩子歡喜入住。「以愛建屋，用心築牆」完成的新奇歷兒少之家，將是孩子離開後「想回來隨時都能回來」的永久家園。

其實，要建立一個家園，不光是蓋一棟建築物而已，而是要重建孩子對家的概念和想像。最重要的是，我們對孩子的承諾不是隨口說說，我們真的做到了！

我一直相信，**所有的大夢想都是從小夢想開始成就，當小夢想的目標達成，就有信心可以挑戰更大的夢想。每個人都有作夢的權利，但絕對不要認為自己很渺小，要勇敢追夢！**

「以愛建屋，用心築牆」完成的新奇歷兒少之家，在 2019 年底順利落成，孩子們在 2020 年 3 月歡喜入住。

第六章

愛與勇氣的逗點

這裡是孩子生命中一座暫時停靠的休息站，
讓每個從這裡出發的孩子，
找到「開啟逗點之後」的勇氣。

在張秀菊基金會裡，外表嚴肅、身材高大魁梧像一頭熊的董事長張良卿，綽號叫「張大熊」，孩子們都稱呼他「大熊老爸」，說話輕聲細語又溫柔的執行長郭碧雲是「大熊老媽」，孩子們自稱是「小熊」。基金會就像一個大家庭，社工和生輔員是孩子們的「哥哥」和「姐姐」，比較早進來的學員是學長姐，要負責教導、照顧新進的學員。

溫暖的「熊熊家族」

目前張秀菊基金會共經營兩個兒少之家，包括台中市政府委託經營的向陽兒少之家，以及自辦的奇歷兒少之家（之前曾承辦沙鹿兒少之家兩年多）。每個孩子來到兒少之家的時間都不一樣，待的時間也不盡相同，有些孩子僅是短暫停留，屬於緊急短期安置；有些孩子則需要長期安置輔導，進來後會一直待到十八歲結案自立為止。雖然他們失去了原生家庭的庇護，但在這裡，他們可以找到渴望的家庭溫暖。

張秀菊基金會董事長張良卿（右）是孩子們的「大熊老爸」，執行長郭碧雲（左）是「大熊老媽」，孩子們自稱是「小熊」。

每年來到兒少之家的孩子，有一半是因為原生家庭遭遇變故、失去功能，無法照顧孩子；其次是因為家暴、受到身心虐待；也有部分是因為單親、失依和偏差行為由司法安置等，才會進入這個大家庭。

要愛這群孩子並不簡單，有時候我們的心也難免會受傷。這些孩子剛來時全身都是「刺」，防衛心很強，情緒控制不好，有的孩子情緒一來，甚至會把牆打成一個個的洞，曾有年輕社工看到後，隔天就不敢來上班了。但這並不是孩子的錯，是因為他們的心碎了，本身很脆弱，為了顯示自己的堅強，才會去傷人。他們每個人過去遭受的苦難不盡相同，來自不同家庭的價值觀也都不一樣，但我們得想辦法教導他們，讓他們在未來可以適應社會生活。

像在奇歷待了五年多的笑笑（化名），他國一剛進來時，因為個性衝動，經常跟其他學員起衝突、打架，也常因為一些小事跟生輔員說話大小聲、鬧脾氣，甚至經常在他們面前開黃腔。後來，升上國三後，他聽進生輔員的開導，慢慢懂得體諒生輔員哥哥、姐姐的辛苦，會在其他學員跟生輔員起衝突後，主動關心生輔員，然後跟那位學員單獨聊聊，緩解緊張氣氛，而且他收斂脾氣後人緣也變好了，現在已經可以獨立出去生活。

其實一個功能健全的家庭，除了滿足孩子吃飽穿暖的生理需要外，也要同時滿足孩子「愛與被愛」的心理需求。當孩子有了歸屬感，日後才會有成就感。

因材施教的大家庭

孩子進入張秀菊基金會這個大家庭後，會根據他的特質安排不同的輔導策

機構裡的孩子除了正規學校教育外，也會安排多元智能學習課程，以及到職場參訪體驗，幫助孩子及早找出未來的發展方向。

略。在日常生活安排上，除了提供健康安全的環境和基本的日常生活照顧外，會積極幫助孩子銜接學校教育，完成學業；給予孩子完整的品格教育，未來「登大人」後能成為自我負責的成人；依據孩子不同的發展階段，以成長團體的方式，帶領孩子做不同議題的探索；讓孩子到社區服務學習，培養感恩回饋的態度和提升正面的能量；對心理有創傷的少年，也會提供諮商輔導；同時安排多元智能學習課程，發掘孩子的潛能。

基金會為了幫助孩子自立，特別設計「做中學，學中覺」的體驗教育，培養孩子自主解決問題的能力，也會安排職場體驗活動，幫助孩子及早找出個人的職涯發展方向。待孩子升上高中後，便會進入自立生活轉銜計畫，搬入自立宿舍學習自立生活，同時配合追蹤輔導服務，協助孩子自立後能在社會上穩定生活。

孩子剛來到機構時，往往因為長期受到原生父母的忽視，大多體格瘦小又體弱多病，只要一個孩子染上感冒，很容易「有病，大家得」，晚上社工常常一次領著五、六個孩子去附近診所看病。

為了替孩子調整體質，大熊老爸從兒少之家成立開始，特地聘請一位朋友來擔任武術老師指導每個孩子練功，迄今已有十多年。平時讓孩子做體能訓練，除了可以培養體力，鍛鍊體能，也有助消耗精力，不會到處惹是生非，同時還可以磨練心性和耐性。

失家兒少的另類父母

如果你走進兒少之家，會發現牆壁上掛了很多獎牌，這些都是孩子努力表現的成果。在張秀菊基金會，我們和社工就是孩子的「另類父母」，也跟一般父母一樣，在正規的學校教育之外，也會去觀察每個孩子的特性和天賦，再給予適當的栽培。

基金會為孩子安排了各式各樣的課程，除了療癒成長、衛生、兩性及品格教育課程外，也有多元的才藝課程，像音樂課、熱舞課、手工藝課、烹飪課等，寒暑假有益智桌遊課，還有羽毛球、游泳、柔道等體能課程，目的就是要培養孩子多元的興趣和才藝，而且這也是治療的一部分。其中有個孩子對武術特別有興趣，表現也很傑出，屢次參加比賽都得獎，現在已經成為國手，我們會替孩子出訓練費用，不論參加特訓或比賽也都有專人陪伴。還有個孩子很喜歡跳街舞，可以直接倒立做地板動作，每週都有社工陪他去逢甲大學附近學習。

除了讓孩子學習才藝，大熊老爸也會找機會讓孩子上台表演，像用空手道劈柴、武術散打或演奏歌曲等，這樣可以幫助孩子們增加自信，因為他們真的很需要掌聲的肯定。

基金會也會安排孩子到老人院和社區進行服務，希望透過服務他人的過程，提升孩子與人溝通互動的能力。當然我們也跟一般家庭一樣，會安排家庭出遊和聚餐，還有家庭日、小家聚會和節慶活動等，要讓孩子擁有快樂難忘的童年回憶。

戶外冒險的體驗教育

體驗教育是張秀菊基金會安置輔導的一大特色，這是大熊老爸十四年前特地到香港、美國參訪，跟著行為偏差青少年實際體驗「荒野治療」，回台後決定將戶外冒險訓練結合輔導，發展出符合本地青少年的冒險體驗教育。

他帶著團隊和孩子在石岡區五福臨門景點附近，建設了基金會的戶外探險學習營地「沙連墩戶外冒險學校」，提供兒少之家的孩子，利用假日進行體能、挫折容忍度和組織管理能力等訓練。在沙連墩，孩子是場地的主人，所以進行營地設施和環境的維護也是訓練的一環，每個孩子都必須學會使用工具，也要學習如何運用分配付出勞力所得到的報酬。

孩子經過不同階段的訓練和考驗後，可以成為沙連墩的助教，協助引導員帶領活動訓練課程，這樣有助於培養孩子的人際溝通和危機處理能力。在訓練課程中，所有參與的孩子會根據他的學習表現分配到不同顏色的衣服，讓他認知自己應負起的責任，像穿黃色衣服的二階學員，必須掌握繩索相關技能，並指導初階學員進行體驗，透過講解考驗他的表達能力和學習應用能力；而穿著紅色衣服的三階學員，就必須具備針對目標引導團體行動的能力。

除了兒少之家的孩子，沙連墩也協助輔導中輟或社區高關懷弱勢青少年，以及其他社福及教育單位的弱勢兒少。近年來也開放給政府部門、民間社團、企業和一般民眾使用，進行自我突破、挑戰和凝聚團隊向心力的教育訓練。

沙連墩戶外冒險學校是基金會營運的兩家社會企業之一（另一家是逗點咖啡），收入盈餘會回饋給基金會，主要希望讓基金會有一定比例的營運經費能自給自足，進而減少對政府補助和民間善款的依賴。

每年暑假，基金會都會為孩子舉辦為期十四天的「PapaGo」（環島自立生活訓練考驗營），像是中橫徒步健行、環島健行、城市冒險等，希望透過一段夠長的時間，讓孩子學習透過蒐集、應用資訊和彼此合作來解決問題，進而完

在沙連墩的戶外冒險體驗教育是張秀菊基金會安置輔導的一大特色，近年有開放給外界做教育訓練使用。

成活動的任務。希望藉此訓練孩子的復原力、邏輯思考能力和金錢管理能力，同時形塑家庭的概念。

有一年，PapaGo 活動行前兩個月，大熊老爸要求參加的所有學員，必須在每個人只有一萬元的預算下，自行策劃十四天的旅行。孩子們必須學習自己找景點和旅遊資訊來設計行程，還要主動打電話向相關單位聯繫、發公文借用場地，並安排各種交通工具接駁、列出預算等。

目前已經自立的小斑（化名）回憶那個環島十四天的暑假，大熊老爸放手讓學員自行規劃和討論行程，因為有個學員是金門人，大家刻意規劃一段金門行，讓那個學員當嚮導，沒想到他誤判兩個景點之間的距離，害大家必須各扛二十多公斤的裝備走一大段冤枉路，幸好大熊老爸及時租了休旅車，讓他們可以卸下行李，但也因為累癱了，抵達景點後也沒了遊興。這個印象深刻的經驗，讓小斑學習到：不論做任何事情，都要先做好萬全的準備。

雖然孩子參加 PapaGo 活動的當下都覺得好累、好辛苦，但往往事後回想，從中學到的經驗和成就感，都留下終身難忘的回憶。

幫助孩子環島圓夢

奇歷兒少之家何主任為了鼓勵孩子多運動，想到用台灣美食來激勵他們。他特地用拼貼的方式列印一張很大的台灣地圖貼在牆壁上，上面標注了台灣各地的名產，像彰化的肉圓、嘉義的方塊酥，然後在兒少之家前面的籃球場地上標記距離，鼓勵孩子跑步，如果孩子跑步累積的里程數可以到達彰化，何主任就去買彰化的肉圓給孩子吃；如果累計跑步的距離可以到嘉義，就有嘉義的方塊酥可以吃。孩子們為了吃到美食，每天都去跑步「環島」，努力累積公里數。

二〇一三年的某一天，當時的台中市副市長徐中雄騎著特製的自行車來到兒少之家拜訪，他知道奇歷的孩子們在「紙上環島」後，就開口問：「你們想不想騎腳踏車去環島？想去的請舉手！」結果孩子紛紛舉手喊「要」。徐副市長很興奮地許下承諾：「好，那我就帶你們去環島！」

為了幫助孩子們圓夢，徐副市長幫忙尋求資源，沒多久，自行車大廠美利

美利達捐贈單車記者會
CINDA
MERIDA

每年暑假，基金會都會為孩子舉辦環島自立生活訓練考驗活動，包括中橫及環島徒步健行等。2013 年，在前台中市副市長徐中雄（右頁下，右四）促成下，孩子們完成騎單車環島的夢想。

達捐贈了二十五輛登山車和設備，競達單車協會也號召單車好手加入，陪孩子開始騎行訓練。有些孩子不會騎腳踏車，就從認識腳踏車的構造開始教起，先教他們怎麼牽著腳踏車走路，然後教他們騎車，接下來是體能訓練，從短程開始練騎，慢慢拉長距離，到最後一天能夠騎乘一百公里。

為了挑戰九天騎乘一千二百公里，社工每天都要抽空陪孩子練習騎車，美利達也派教練來訓練孩子，同時研究環島的路線，有些路段很不好走，要教孩子該怎麼穿越。因為沒有很多時間可以訓練，孩子連吃飯時間都邊吃邊練習。靜宜大學的學生也跑來替孩子拍攝紀錄片，片名叫《飛躍騎跡》，後來還登上媒體。

經過長達八、九個月的訓練後，二〇一四年的寒假，二十一個孩子終於浩浩蕩蕩上路，開啟他們人生第一次的騎腳踏車環島旅程。這些孩子年齡從十歲到十八歲不等，在環島的過程中，有人跌倒受傷，有人累到騎不下去，也有人受不了而哭泣、想放棄，在陪同的教練和社工一路激勵和安慰下，還是個個堅持騎完一千多公里的旅程。

當時多位社工陪行、壓隊，確保孩子的安全，路程中也有不少朋友前來，陪著孩子騎乘一段路。當時第一次參加單車環島的孩子晟晟（化名）說，他從環島中學會如何堅持，浩克（化名）也說，環島回來後變得很強壯。

雖然帶孩子環島讓大熊老爸一路上提心吊膽，但這是讓孩子培養自信的絕佳機會，整個過程非常令人難忘。

籌募助學金

每年除了跟捐款人募建院基金，我還要幫孩子募開學要用的助學金，通常寒、暑假是我一年中最忙碌的時候。我一直都在追錢，往往才跟捐款人募完一輪建院基金，又要再回頭募一次助學金，一直都在跟時間賽跑。

除了找捐款人贊助，我也寫「助學企劃書」發文給有提供獎助學金或急難救助金的基金會或宮廟，請他們提供助學金，通常一萬到三萬元不等，金額並不高，有些基金會願意編列預算贊助我們的孩子，一次撥款十萬元。

張秀菊基金會的孩子每學年約需要一百多萬元的助學金，可能有人會問，現在已經進入十二年國民基本教育，為什麼還需要這麼多助學金？

助學金不只是用來繳學雜費，還有課輔費用和才藝教育費用。來到這裡的孩子，因為在原生家庭受到忽視，大多學業基礎沒有打好，有的孩子上了國中連數學的除法也不會，必須請課輔老師幫忙做補救教學，才能跟上學校的進度。像現在有二十多位高中生，他們大多就讀私立職校，雖然十二年國教可以免學費，但雜費還是很貴，尤其是新生入學，還必須做制服、買書包、鞋子等等，平均一個孩子的雜費至少需要兩、三萬元以上；如果就讀的學校太遠，上學要轉好幾班公車，會讓孩子搭學校交通車；再加上栽培孩子特殊才藝的學費等等，所以我們需要這麼多的助學金。

有些父母親覺得給孩子吃飽穿暖就夠了，未必會去觀察孩子的特性，刻意去栽培，就算學才藝，也是有學就好，但在張秀菊基金會不一樣。

孩子想學才藝，像彈吉他、武術、街舞等，我們會跟孩子溝通：如果你想學就要學到底，練習的過程會很辛苦，你要先想清楚，如果你願意百分之百全

基金會會觀察孩子們的特性和天賦，給予特殊才藝的栽培，像彈吉他、武術等，只要孩子肯學，就會全力支持，孩子們也有不錯的表現。

已經結案獨立出去的孩子，會帶著他們的另一半和孩子回來團聚。

力以赴，我們一定百分之百全力支持，我們可以允許你遇到挫折時偶爾耍賴，可是眼淚擦一擦，還是要繼續練下去，但絕不允許你半途而廢。

記得有個孩子很有藝術天分，特別喜歡刻版畫，我們把他的作品設計成賀年卡，寄給所有的捐款人，孩子很開心也很有成就感。只要是對的事情，我們都會給予肯定和支持。

曾經有個社會局再三拜託我們安置的孩子，他有點輕微智能障礙，上小學時連大小便都無法自理，其他機構不願收容，只有張秀菊基金會願意收下，把孩子一路帶大到十八歲。我必須說，大熊老爸訓練孩子真的很有一套。現在這個孩子已經可以自立，目前在烘焙坊工作，晚上還在加油站兼職打工，月領五、六萬元薪水。當社工笑著講這件事時，還開玩笑地說：「這孩子領的薪水都比我們多呢！」

我們沒有放棄任何一個孩子，會透過觀察他的個性和條件給予不同的栽培，我們就像生了很多孩子的父母，當孩子成就比我們高，就是當媽媽的最開心的事情。

去年中秋節，有六十幾個孩子回來團聚，還抱著他們的孩子，看到這樣的場景，會覺得很安慰。這就是為什麼我們這麼努力，堅持要替這群孩子建設一個完整的家園，因為孩子們的心目中都渴望有一個家，但建院要蓋的不只是一棟建築物，而是要重建他對家的概念。

相信愛，就有奇蹟

機構裡有個孩子手藝很巧，學習縫紉後，他曾經用手工縫製了一隻非常可愛的小熊布娃娃。當時我們正好想舉辦一個感恩活動，邀請三十位捐款人參加，那孩子主動說他想做「逗點熊」布娃娃送給捐款人，於是召集了院內其他的孩子一起幫忙，共縫製了三十隻小熊，完成的每隻小熊都是獨一無二的，透過一針一線，傳達孩子們內心的感謝。

這場活動在逗點咖啡舉辦，由我親自主持，捐款人手中拿著點燃的蠟燭，一起吟唱詩歌〈相信有愛就有奇蹟〉，每個人都感動到落淚。受到這場非常感人的活動啟發，讓執行長動了出書的念頭，想把機構裡的孩子如何從黑暗角落勇敢走向陽光的生命歷程，記錄下來，後來就催生了《逗點之後，人生故事才開始》這本書。

剛開始是請社工訪談機構的孩子，將文章放在臉書上，並徵求贊助印刷。但我建議執行長找專業出版社協助，在神的指引下，我們找到讀書共和國出版集團合作，請趙莒玲老師負責這本書的採訪寫作。趙老師來採訪的時候，聽到每個孩子述說自己的故事，發現新聞報導中社會案件裡的人物就是坐在對面的孩子，心理衝擊很大，總是忍不住落淚，回去寫稿時又不禁邊寫邊哭。

這本書中共有十九個主角，故事主角都使用化名，但每個主角的遭遇都是

2016 年基金會出版《逗點之後，人生故事才開始》，記錄機構裡的孩子如何從黑暗角落勇敢走向陽光的生命歷程。

真實的人生故事。初稿完成後，我們拿稿子給孩子看，確認內容是否正確無誤，孩子看完後，如果確定願意出書分享，就請他在書稿上簽名同意。

我們靜靜地坐在孩子身旁，等著孩子看完書稿，那個過程好像又再度療癒了孩子內心的傷痛。有的孩子邊看邊哭，我擁抱孩子，並為他禱告，然後詢問：「你確定要讓你的故事被大家看見嗎？」孩子點點頭，就在稿子上簽名。有的孩子看完書稿並沒有哭，反而是我在旁邊哭得唏哩嘩啦，孩子還走過來拍拍我的肩膀說：「姐，我都走過了！沒事、沒事！」看到孩子長大成熟了，讓人覺得好心疼又好安慰。

出書療癒生命的傷口

出書對孩子來說，是一種療癒的過程，過去不願意說出口，那是因為有心錨，現在願意分享，就代表已經放下了。有些孩子後來選擇原諒父母親，因為他們瞭解了父母當時的難處，對父母的所作所為已經可以釋懷。

我有時會想，這群孩子的父母會不會省思，當這些孩子來到自己的生命中，該怎樣去看待他們？會對孩子帶來傷害，到底是哪個環節不對？父母絕對是孩子最信任的人，無論父母再怎麼傷害孩子，最後孩子還是會回頭來抱抱他們；如果有一天，孩子不再回頭擁抱父母，代表父母造成的傷害已經太大，等孩子長大後，就可能帶著這個傷害的印記，去傷害別人。

當時我為了出版這本書做募款，曾經寫了一封募款信傳給群組的朋友們，信上提到，這群孩子因為種種因素來到基金會這個大家庭，現在我們想為孩子寫下他們的故事，記錄他們如何面對和克服困難，然後帶著滿滿的愛離開，迎向自己的人生。出版這本書的目的，可以激勵這群孩子奮力迎向人生未來的挑戰，也讓大家看見基金會如何照顧孩子。相信其他的孩子看了這本書，可以得到鼓勵，同時會更懂得惜福；至於大人看了這本書，不僅可以知道如何創造更多的可能性，也可以激勵自己。更重要的是，出版這本書後，版稅收入還可以持續幫助機構裡的孩子。

很快地，大約一個多禮拜的時間，我們就募到了將近百萬元，有了出書的經費；出版社回贈的三千本書，後來也全數義賣完。當時很多企業老闆一口氣購買了上百本書，送給家人和員工看，還有人因為看了這本書而成為基金會的榮譽董事，到現在還持續小額捐款給我們。我不知道這顆愛的種子會種在誰的身上，但這本書的影響力遠超乎我們的想像。

逗點之後，人生才開始

二〇二〇年七月中的募款餐會上，其中有三桌是從機構結案出去的孩子，他們帶著自己的家人和小孩回來團聚。當他們一起站在台上對捐款人表達感謝的心情，真的很令人感動。每位捐款人不管捐款多少，其實都在翻轉一個人和一個家庭的命運，因為每一個孩子就代表一個家庭，他將來長大也會成家，有自己的家庭和小孩。

胖胖（化名）是十五歲時，和同父異母的妹妹 Tammy（化名）一起來到張秀菊基金會，因為兩人堅持不願分開，基金會只好為此打破慣例，開始收容男生。兩兄妹的父親以詐騙投資人為生，經濟富裕時讓孩子過著豪奢的生活，但後來被識破、討債，不得不帶著孩子四處流浪。因為父親私心作祟，不讓孩子去上學，導致他們與世隔絕，胖胖多次懇求想上學不成，還被爸爸毒打一頓，最後兄妹兩人只好以家暴為由向外求援，才有機會上學讀書，改寫自己的人生。

兩個國中生年齡的孩子從未上過學，得從國小讀起，幸好有基金會課輔老師的幫忙，一路參加學歷檢定考試，很快地從國小、國中順利畢業，相繼考上台中高農夜間部。但受到十八歲結案年限的限制，兩兄妹不得不開始脫離機構，獨立生活，在大熊老爸特別給他們緩衝時間，也幫助妹妹打工存生活費下，幸好兩兄妹都非常努力，哥哥考取中興大學夜間部，次年妹妹也如願考取朝陽大學社工系。哥哥帶著在基金會學到的本領和自信，邊念書邊工作自食其力，後來晉升成為一家汽車美容店的店長；妹妹在生命貴人的幫助下，也順利完成學業，現在北部擔任某社福團體的社工，幫助受家暴婦女，並把自己得到的愛再傳承下去。

二〇一六年，我們決定出版《逗點之後，人生故事才開始》這本書，為十九位孩子留下人生的見證。當初執行長之所以會取名「逗點」，是因為逗點代表「故事還未結束」，就像逗點咖啡店內牆上有段文字：**「逗點是連接一句話，一段旅程，一座暫時停靠的休息站，讓每個從這裡出發的孩子，找到『開啟逗點之後』的勇氣。」**

我們在孩子的生命中扮演的是一個重新開始的逗點，而不是句點，而這個逗點，給了孩子滿滿的愛和勇氣，當孩子離開這裡之後，他們最美好的生命故事才正要開始。

第七章

生命的影響力

每個人的人生就像一本書，
而二十分鐘的生命分享，
就像閱讀一本書的精髓，用生命影響另一個生命，
並且像父親的背影，讓孩子跟隨。

我一直不太喜歡短暫的東西或一次性的關係，每次做完一件事情，就會思考：「那然後呢？我想要創造什麼樣的結果？」。

每位捐款人對社福機構的期待不盡相同，有些人可能會想：我已經捐了錢，剩下的就是你們的工作，如果做得好，捐款就有價值，如果做得不好，就是你們的業障。但我想，每位榮董捐款之後，應該不會只期待拿到感謝狀（函）而已，那然後呢？

以前我擔任陪讀媽媽志工的時候，就已經體會到「一次的愛心很簡單，但要持續很難」，所以我常常在思考：有什麼方法可以讓捐款人對孩子的感動更深一層？怎樣才能提高感動的熱力，讓他們的愛心持續下去？

我曾經上過一個心靈成長的課程，課程中提到父母對孩子的未來有深遠的影響，其中影響孩子最大的是父親，因為父親代表的是向上的力量，會影響孩子未來事業的發展；而母親代表的是溫柔的力量，會影響孩子未來的人際與婚姻關係。

作家朱自清寫過一篇散文〈背影〉，回憶父親送他上火車，還為他費力地去買橘子時的背影，將父親對子女的關愛表現得相當深刻。其實，機構裡的孩子心中也很渴望有「父親的背影」。他們在自己的家庭被忽視、傷害，或是提早失去父親，生命中缺少了父親的榜樣。在兒少之家，經常陪伴在孩子身邊，喜歡碎碎念，又是嚴格教練的大熊老爸，是孩子們心目中的第二個父親。

為了籌募建院，基金會在二〇一六年發起「榮譽董事」的募款機制，讓有心關懷兒少的捐款人除了出錢，還能出力協助參與募款。我心想，這些令人尊敬、不求回報的榮譽董事，應該也可以成為我們孩子生命中的人生導師和好父母的範本，為了讓雙方有更深入的互動，於是就設計了「榮董家庭日」和「榮董生命分享會」。

當孩子的「一日父母」

每年我們都會挑選一天，邀請三、四十位榮董和守護天使（捐款人）帶著家人來到位於石岡的沙連墩進行一整天的活動，我們會請他們擔任機構孩子的一日父母，一起做戶外體驗遊戲，感受與另類家人共處的天倫之樂，這就是「榮董家庭日」。

首先，會先用抽籤的方式，決定孩子跟那位榮董共組一日家庭，就像我們無法選擇自己的父母一樣，用抽籤的方式隨機決定最為公平。然後，這個新家庭要決定自己的家族名稱，因為接下來一整天，大家都要生活在一起，包括砍柴、野炊和準備午餐，下午的遊戲對抗賽，也會以家族為單位進行。

我擔任主持人，會丟出一些問題和任務給每個家族，例如，什麼是家庭最重要的元素？什麼是這個家族的DNA？我會提供一些營地照片當作線索，讓這個家族去尋寶，合力找出自己家族的DNA。每個家族都由爸爸擔任指揮官，指導家人和孩子在營地各個角落比對、尋找，如果找到的是「勇氣」，那「勇氣」就是他們這個家族共同的DNA。找到家族的DNA後，還要想想要怎麼陳述和介紹自己的家族。

中午以家族為一組自行料理午餐，有的家族選擇烤肉，有的烹甕仔雞，有的炊筒仔米糕，雖然經常會出現沒煮熟的意外，但重點是大家都玩得很開心。

每年基金會會邀請捐款人帶著家人，到沙連墩與機構的孩子一起進行整天的戶外體驗活動，並擔任孩子的「一日父母」，這就是「榮董家庭日」。

每隔兩個月，基金會會邀請三位榮譽董事到兒少之家演講，分享他們的人生經驗，並跟孩子互動、問答，這就是「榮董生命分享會」。

下午的「家族大對抗」活動，則是用不同遊戲讓各個家族互相競賽，像擲水球比賽，擔任指揮官的家族爸爸就要負責擬定策略，讓孩子共同執行。

從生命的挫折學習同理

每隔兩個月，我們會邀請三位榮董到兒少之家，每位上台演講二十分鐘，跟孩子分享他們的人生經驗或職業面貌，然後請榮董跟孩子分組互動、討論，讓孩子問問題，成為學習的榜樣，這就是「榮董生命分享會」。

我們想讓孩子瞭解，其實大人生命中也會有挫折，每個階段也會有不同的考驗。像有些榮董小時候也是家暴的受害者，因為有相近的遭遇，他們的生命故事經常觸動我們的孩子。

有位榮董分享時提到，從小家境貧苦，兄弟姊妹眾多，有時一天只能吃一餐，有天父親回家後因故發脾氣，把家裡唯一的一鍋飯整個掃在地上，為了填飽肚子，他只好含著眼淚，把地上的飯一粒一粒撿起來吃。說到這裡，台下的孩子就哭了，因為他也有類似的生命經驗。

如果用大人的眼光來看機構的孩子，他們是需要幫助的、是弱勢的；但其實有些大人，他們的內心其實也是脆弱的，很需要被療癒，而透過講述自己的生命故事，可以幫助療癒他自己。

像我在陪伴這群孩子的過程中，原本以為是我在幫這群孩子，但後來發現，其實是這群孩子幫忙療癒了我。每次募款遇到挫折時，我都會回到兒少之家看看孩子們，他們的笑容會給我力量，幫助我找回初心和繼續走下去的動力。

當孩子從大人的口中，瞭解他們生命中不得已的苦衷後，就會慢慢學習到同理，他也會開始去同理他的父母親。唯有他開始跟自己父母親在關係上和好，未來他跟自己的子女才能在關係上得到圓滿。

給孩子不一樣的看見

榮董生命分享會固定在每兩個月一次的週六下午兩點到五點舉行，已經連續舉辦三、四年，從未間斷。每年都有十八位榮董來跟孩子分享自己的生命故事，能夠讓機構裡的孩子不用花錢，就能學到別人人生中最寶貴的經驗，同時這也是個機會，幫助榮董回頭檢視和整理自己的人生。最重要的是，讓孩子跟榮董彼此的生命能夠激盪出一些火花。

每位榮董的分享只有二十分鐘，因為孩子的專注力有限，時間一久很容易恍神。榮董可以分享小時候的故事、求學歷程、戀愛或是職場的工作等等，像有位榮董經常出國，就分享他環遊世界的經驗，讓孩子產生憧憬，也瞭解想出國需要具備哪些條件，像是存足夠的經費、具備語言能力等，讓孩子有不一樣的看見。

演講完是孩子問問題的時間，由我來主持。剛開始，孩子會害羞、不敢發問，後來都很勇於舉手發問，也會問講者一些艱深的問題，像是「你人生中遇到最大的挫折是什麼？如何面對？」榮董回答完，接下來我會問孩子：「你聽到了什麼？」這樣可以幫孩子複習重點。我用分組對抗的方式，讓孩子把剛剛演講的內容分享出來，而且別人講過的就不能再提，為了得分，孩子舉手發言都非常踴躍。

然後，我會再請孩子分享三個重點和一句最感動的話。我常跟孩子說，**不論你看一場電影，讀一本好書或是聽一場演講，都要養成好習慣，整理出三個重點和最感動的一句話，這樣才會印象深刻。**

結束後，就輪到下一個榮董上場。等三位榮董都分享完，就會進行分組討論，讓一位榮董與七、八位孩子面對面，進行小組分享，雙方可以聊天或是延續剛剛演講的話題，進行更深度的對話。每個孩子都要填寫一張學習單，可以給講者反饋。

閱讀人生這本書

大砌空間規劃設計公司負責人陳守仁有次來到榮董生命分享會演講，他提到自己直到三十三歲結婚之後，才真正體會「什麼是家的感覺」。他小時候，原本開糕餅店的父親因為欠債無力償還，連夜帶著全家從台南逃到高雄躲債。他就讀國小四年級時，母親跟父親感情失和，母親一時想不開就在他面前自殺了！後來他與妹妹被送回台南老家給阿公、阿嬤照顧，父親留在高雄工作，一年只能見三次面。受日式教育的阿公當時曾對他說，若爸爸沒按時寄錢回家，就要送他們去孤兒院。

他高中畢業後決定從軍，在部隊服務十六年，認識了另一半，決定共組家庭。為了實現「女兒出生時一定要陪在妻子身邊」的承諾，他毅然退伍，與朋友合作創業。沒想到三年後，他的事業夥伴突然中途退出，讓他面臨事業危機，但他不服輸的個性，決定還是要堅持下去，雖然創業過程起起伏伏，但**他一直靠著自己的座右銘：「努力到感動自己，拚搏到撼動天地」，鼓勵自己一路走**

過來。陳守仁說：「人生要有起、有落才精彩！」

陳守仁榮董的分享，讓孩子們印象深刻，而他的座右銘，後來也成為孩子琅琅上口的銘言。

當我們詢問孩子在張秀菊基金會印象最深刻的學習是什麼？孩子們都不約而同地回答：「是榮董生命分享會！」

每個人的人生就像一本書，而聆聽二十分鐘的生命分享，就像閱讀一本書的精髓，你可以在這個人的身上學到一種精神，這可能成為孩子成長中的一個關鍵，或是一個啟發，可以用生命影響另一個生命，並且像父親的背影一樣，讓孩子跟隨。

有些榮董在參與分享會後，更加瞭解我們機構的孩子，發現他們並沒有因為原生家庭的不幸而自暴自棄，反而在基金會用心的培育下，變得開朗、活潑有自信，而且從小就學會洗衣服、煮飯等生活技能，因此更願意長期捐款資助，並提供他們離院後的就業機會。

我其實花了不少心思設計這些活動，因為我是帶著使命參與基金會這個團隊，對我來說，這不只是一份募款的工作，我很在意我們所做的事情，是否真的有幫助捐款人增進對孩子的瞭解，能否讓張秀菊基金會有更穩定的發展？

而且我一旦想要做，就不會只是說說而已，而是堅持要做到。為了讓榮董生命分享會持續進行，我都事先擬定一整年的行事曆，並排除萬難如期舉行。

創造深度感動，讓愛持續下去

一次的愛心很簡單，要持續很難，但唯有持續才能將愛深耕。那要怎樣才能讓愛心持續下去呢？

我認為，唯有讓感動達到一定的深度，才有可能願意不斷付出，而這需要經歷一定的過程，也需要時間的醞釀。**剛開始因為覺得「感動」，所以開始產生「關注」，關注久了接下來才會有「行動」，最後才會願意「長期幫助」，把對方的需要變成自己的責任，這就是做公益的最高境界。**

對捐款人來說，除了參與活動，最重要的是有機會接觸到孩子，而且能進行深度對話，這樣才會有深度的感動。像榮董生命分享會的活動設計，從分享榮董的人生故事開始，然後讓孩子問問題，最後是小組討論，就是要讓榮董有機會跟孩子做近距離的接觸。

我覺得，台中市私立惠明盲校在這方面就做得很好，這是國內唯一一所私立特殊教育學校，照顧許多視障或多重障礙的孩子，他們會讓孩子跟捐款人或志工互動，像是陪伴孩子進行戶外教學、體驗到市場買菜等等。當孩子拉著大人的手一起去散步，孩子問：「我可以摸摸你的臉嗎？」大人蹲下來讓孩子的手在臉上探索，接著孩子又問：「你下次還會再來嗎？」大人當場就會有被電到的感覺，甚至會捨不得離開。那種感動，是很難令人忘記的。

像張秀菊基金會舉辦「榮董家庭日」和「榮董生命分享會」，讓捐款人不只提供金錢的資助，也能給孩子深度的陪伴，這樣的互動，能讓彼此擦出的火花不輕易熄滅。

一般人對社福機構大多只停留在表面的認識，就算已經捐款一、兩次，恐怕還是不太瞭解捐款背後真正的意義和目的，如果有機會能夠進一步接觸社福機構，瞭解他們在做的事情，以及對社會帶來哪些正面的影響，就有可能持續付出愛和關懷。

就像我們購買商品，如果我們瞭解使用這個商品會帶來哪些好處，使用上就會更有信心，相同的道理，如果我們瞭解捐款的目的和意義，捐出去也會很安心，而且會願意一直幫下去。

我很期待能有愈來愈多的捐款人，願意把基金會的需求，當成是自己的責任，這樣基金會才能永續經營下去。

Funny

分享生命的故事

榮董陳福星：壞習慣要立刻戒掉

榮董陳福星是五金連鎖大賣場中聯百貨連鎖的董事長，他在榮董生命分享會上分享自己的生命故事。他提到，自己從小不喜歡唸書，愛跟人打架，高中才讀半年就被學校退學，不得不提前出社會打工賺錢。

二十六歲時因負債累累，生活潦倒，後來遇到一位算命阿婆告訴他，三十歲以後會大富大貴，但一定不能吃牛肉。很喜歡吃牛肉麵的他為了自己的前途，跟上帝禱告，從此再也不吃牛肉。果然三十歲之後開始轉運，他一共開了十七

家走在灰色地帶的電子遊樂場，月入百萬元，還加入青商會、同濟會等團體。

有一天，孩子的老師跑去問他太太：「先生是從事什麼工作？」他才發現原來在兒子心目中，爸爸整天不是睡覺，就是喝酒。他想到自己的孩子可能會在電子遊樂場受到不好的影響，也擔心自己現在的模樣就是孩子未來的樣子，毅然決定把所有事業全部收起來，到台中重新創業，從零開始。

當時他已經養成吃檳榔、抽菸和喝酒的不良習慣，太太告訴他，當上會長、穿上西裝不就是為了改變形象，怎麼還一直嚼檳榔呢？他知道已經上癮的壞習慣，一定要當下戒掉才行，便告訴自己：「只要我想做，就一定可以！」很快地就把吃檳榔的習慣給戒了。原本他一天要抽三包菸，也是這樣下定決心後就戒掉了。

他的生命經驗分享，讓孩子瞭解：人的習慣不容易改變，一旦養成壞習慣，就要立刻下決心戒掉，說到做到。

分享生命的故事

榮董林怡妮：
創造唯一的自己

榮董林怡妮從事傳銷業務的工作，事業有成。她在榮董生命分享會上，分享自己如何走出生命的低谷。

林怡妮來自一個普通的家庭，家中有五個孩子，母親是家庭主婦，父親從事業務工作，經常在外應酬，印象中的父親不是在喝酒，就是在睡覺。她曾聽媽媽提過，爸爸都沒有拿錢回家。她從小就有個信念：人若沒錢，就會被人瞧不起，所以她立定目標，長大後一定要賺很多錢，讓母親在家族裡能抬得起頭

來。

她從念國小就開始幫家裡做手工貼補家用，國中開始打工，假日陪阿嬤去掃街賺錢，十八歲高中畢業後就出社會，到台中上班。當時她的月薪是一萬九千元，扣除三千元生活費，其餘的錢全都寄回家。她沒有錢買新衣服，只好穿請阿嬤幫忙洗衣服的客人不要的衣服，樣式都很超齡。

為了多賺點錢，她決定全職從事直銷工作，沒想到一年後，二十四歲的她居然負債到一百多萬元，這對她來說，簡直是個天文數字。因為她的學歷不高，只能找到月薪兩萬元出頭的工作，扣除房租、車貸和生活支出後，根本無力償還欠款。

林怡妮覺得很絕望，動了想要跳樓自殺的念頭，但腦海中突然浮現一個畫面：媽媽在警察陪同下正撫屍痛哭。她想到，如果她這麼做，會帶給家人多大的痛苦，於是痛下決心要面對困難。「來吧，無論還有什麼挑戰，全部都來吧！」她對自己說。

沒想到，當她決定面對問題時，這個挫折的挑戰點居然就過去了。她幸運找到一個有兩萬元底薪的工作，負責打電話約客戶，讓業務員去拜訪，如果案子成交就會有獎金。做了兩個月，她領了四萬元的薪水，第三個月她決定改當業務，雖然沒有底薪，但憑藉自己的努力，可以多賺點錢，替自己還債。

林怡妮相信，「上帝關了一扇門，必定會再為你打開另一扇窗」。她很慶幸當時沒有選擇放棄，而是選擇面對，成為她人生的轉捩點。「即使現在處於人生的低點，但未來再回頭看，你會發現，那個點絕對是你生命中很大的祝福。」

先愛自己，才能活出自己

另外，林怡妮也分享自己開始信仰主後的改變，讓她開始認識自己、愛自己，也才能活出自己。

林怡妮的成長過程，讓她從小就很自卑，而且愈是跟別人比較，就愈沒有自信。直到信仰主後，她才瞭解，人會自卑是因為不認識自己，在與神的對話中，神告訴她：「你的價值就是你是寶貴的，如果能在現有的工作上做到最好，你就是那個第一。」

有句話說：「你不一定能創造第一，但你肯定是那個唯一。」林怡妮認為，每個人到世上都帶著神給的使命，只要在那個領域發揮到最好，就是那個唯一，也是那個領域的第一。「當人開始愛自己，身邊就會出現很多貴人來幫助自己。」林怡妮將親身經歷分享給孩子。

第八章

種下愛的種子

無論我們想要什麼，都必須先讓別人得到，
這樣就能種下一顆種子，等時機成熟，種子就會萌芽，
讓我們也得到一樣的東西，這就是「業力法則」。

超級暢銷書《當和尚遇到鑽石》作者麥可・羅區格西曾經說過，如果你把錢捐給一個乞丐，他會把這些錢收起來給自己用，這個種子就沒了；但如果你把錢捐給一個社福機構，一塊錢、一塊錢的累積，你會發現，這些錢豐富了許多人的生命。所以，社福機構的這塊土壤最為肥沃。

我常跟朋友和拜訪的店家分享「種金錢的種子」的概念：如果我們將一粒種子種在貧瘠的土壤中，它是沒辦法開花結果的，但如果將捐款交給社福機構，就像是把種子種在肥沃的土壤裡，因為這些社福機構會將捐款用在真正需要被幫助的人身上，可以好好發揮每一塊錢的價值。

我們在募款的過程中，經常會聽到對方說：「我就已經沒錢了，還要我把錢給出去？」「我都需要人家幫助，怎麼有能力捐款？」，要先有錢才能做公益，這確實是很多人抱持的想法。通常我都會先問問對方，在工作或生活上哪方面是最困難的？有些朋友會跟我聊她的煩惱，例如先生外遇、婆媳不和或孩子不乖等困擾。我曾上過心靈成長課程，就會跟對方分享：「**外在世界是內心世界的顯現，所有的一切都是自己創造出來的，當你願意給出去，財富自然就會進**

來。」付出者給予的影響力和接受者反饋的影響力，兩種能量其實是一來一往，會相互影響的。

就算沒有錢一樣可以做公益，而且做公益的方式也不是只能給錢。通常願意付出的人，往往最後會得到意想不到的回報，甚至能心想事成。

麥可・羅區格西在《愛的業力法則》一書中提到，**無論我們想要的是什麼，都必須先讓別人得到，這樣就能在我們的心識深處**（潛意識）**種下一顆種子，那就是業力，等時機成熟就會像種子般迸裂開來，讓我們日後也得到一樣的東西，這就是「業力法則」**。也就是說，如果你想要更多財富，那就要先給予。

捐款給張秀菊基金會的中小企業老闆，有不少本身因為投資、建廠必須舉債，雖然自身手頭很緊，但仍不吝嗇捐款幫助孩子。像有位榮董花了五・三億元蓋新廠房，向銀行貸款不少錢，但只要基金會需要幫忙，他都義無反顧站出來。還有位生產行李箱的企業董事長受到新冠肺炎疫情的影響，每個月慘賠兩百萬元，手上資金非常緊，但他仍堅持要在募款餐會認桌，因為「只是捐兩萬就可以幫助孩子，又不是捐兩百萬，值得投資」。

讓團隊產生愛的能量場

其實我們每天所做的每件事情，都是在播下種子，即使是一、二十年前種下的種子，一樣可以在此時此刻去澆灌，等到時機成熟，也一樣會萌芽。如果今天一切順利，那也是過去的自己所種下的種子帶來的幫助。

基金會能從一年募不到一百萬元，到現在一年可以募到兩、三千萬元，這不是我一個人做到的，是因為我這個能量場吸引了其他的能量場進來，大家一起達成的。如果今天我在張秀菊基金會做的不是正確的事，事情就不會那麼順利。

其實每個人的身上都有強大的能量場。能量場是什麼？那就是愛的意念。千萬不要小看愛的力量，像母愛的能量場就很大，我曾經透過意念把愛傳達給在太平洋彼岸念書的兒子，讓他感受到媽媽的關心，而他也收到了。

我曾經跟部門同仁說，我替基金會的募款餐會一口氣募到八十桌，一天就募到五百萬元的捐款，我的薪水並不會因此增加，而且就算沒有達成目標，也不會有人責備我，那我為什麼還要全力以赴？我告訴他們，那是因為我從來沒有把這份工作只當成一份工作看待。

最近我帶著我的團隊在讀書會上讀《愛的業力法則》，我希望他們能夠理解：如果只是把替基金會募款當作一份工作，你這顆種子所產生的力量絕對不會很大。

我說，若基金會的營運狀況不佳，社工領不到薪水就會流失，那這些孩子就會沒人照顧，得還給社會局，另找其他社福機構收容，這樣張秀菊基金會就只好倒了；但如果你把張秀菊基金會當成自己的責任，會關心它的募款狀況、未來能否繼續營運，你就會願意全力以赴，把幫助孩子當作自己的責任。

我曾問過負責收捐款箱的同事，有沒有想過要想辦法為孩子多推一個愛心捐款箱，還是只是來上班而已？有些人只會做上面交辦的事情，說一，只會做一，不會多做二，那是因為他們不瞭解，自己的生命其實可以創造無限可能。

我現在能做的，就是幫助我的團隊夥伴認識和相信「心想事成的種子法則」。我也希望每個同事的家庭關係都很好，這樣會帶來正面能量，當我們把自己的能量場調整好，就會吸引更多好事發生。

建立長期捐款機制

我進基金會八年多來，雖然每年寒暑假都有幫孩子募學費，但募款重點主要都放在幫孩子解決住的問題，因為這是最迫切的。對社福機構來說，「資產」是最難募款的項目，像這次幫兒少之家建院募款，大部分都是一次性捐款，張秀菊基金會的持續性捐款比重並不高。

但是，如果要讓基金會能永續經營，不會因為某個人離開不在而失去營運的動能，就很需要長期穩定的捐款來支持。所以我一直絞盡腦汁在思考，如何讓捐款人的這份愛能夠持續下去。

可能有人會問，張秀菊基金會既然已經募款建院完成，為什麼還要一直募款？

目前基金會有六十多位的全職人員，要照顧兩個兒少之家約五、六十個孩子（向陽兒少之家有二十八床，多為短期個案；新奇歷兒少之家有三十床，以長期個案為主）。一年約需要將近五千五百多萬元的經費，其中有三分之一是專業人事費用，除了要照顧安置兒少的生活，還有青少年就業輔導、離開安置機構保護個案後續追蹤輔導、司法轉向後續追蹤輔導、未升學未就業青少年職涯探索方案等社會服務工作，這些都需要投入很多的人力和時間。政府補助約占每年經費來源的四、五成，其中社會局給每個孩子的基本安置費用（含教育費）是每天六、七百多元，其他就必須靠民間捐款、捐物，以及基金會附設的社會企業沙連墩、逗點咖啡的收入來支應。

如果能夠建立一個長期捐款的機制，讓資金能穩定的挹注進來，這樣就不用一直擔心孩子學費、生活費有沒有著落，那我也可以安心卸下身上的重擔。這將是接下來最重要的募款任務。

所以，我決定募集一萬個愛心捐款人「一天為孩子存十元，一個月捐三百元」，這樣應該很多人都做得到，只要能募集五千個愛心捐款人，一年就有

成洋工業響應張秀菊基金會發起的「一萬個長期守護天使」會員募集活動，種下愛的種子。

一千八百萬元的捐款收入；若能找到一萬個捐款人，一年就可以有三千多萬元。

我們從二〇一九年開始，發起「一萬個長期守護天使」的會員募集活動，目標是找到一萬個願意參與定期定額捐款的朋友，從小額捐款開始，累積成為持續的力量，當基金會有了穩定的資金來源後，就能持續推動各項服務方案，幫助失家兒少重拾自信及對社會的信任。

我到企業去分享這個計畫時，我都會告訴企業董事長：「你知道要為自己種下愛的種子，要不要也讓你的

2016 年為了興建兒少之家而設立榮董制度，為讓榮董能持續幫助孩子，2020 年進一步設立「愛．種子委員會」。（圖為榮董開會）

員工做點好事？」我發現，不少企業的員工都很願意每天為孩子存下十元，種下一顆愛的種子。

「愛．種子委員會」正式成立

當初為了興建兒少之家，我們設立了榮董制度，一次性捐款三萬元就能成為張秀菊基金會的榮譽董事，而其中有些榮董是有意願、也有能力持續幫助孩子。

有一天，大熊老爸（董事長張良卿）跟我說，我們應該發展「常年榮董」制，我覺得很有道理，就跟幾位榮董討論，其中台中市不動產仲介經紀商業同業公會理事長吳本源就建議，可以採用委員會制度。後來跟執行長討論後，決定定名為「愛．種子委員會」。

二〇二〇年初，「愛．種子委員會」正式成立，只要每年固定捐款新台幣三萬元贊助基金會，就能成為愛・種子委員會的成員。委員會從委員中推選出七位常務委員，另組常務委員會，作為最高權力單位，並設立會長、副會長各一人，任期四年，均為無給職。這個委員會的主要任務，包括協助張秀菊基金會推展各項社會福利工作、支持基金會的年度大型活動、分享自身生命經驗成為機構孩子的生命導師，也要提供職場見習及就業機會給孩子，幫助他們順利就業。

「愛・種子委員會」預計要招募兩百位委員，目前已招募五十位左右。我們有將近五百位榮董，如果其中有兩百位願意成為長期捐款人，每年捐給基金會三萬元，基金會一年就有六百萬元的收入，這樣孩子的學費就可以穩定下來。

我去拜訪榮董時，都會向他們說明，過去張秀菊基金會大都是一次性捐款，為了讓基金會能永續經營，我們才決定推出「愛・種子委員」，並募集一萬個長期小額捐款人。我相信，榮董捐款支持張秀菊基金會，絕對不是只想支持一棟建築物而已，應該也希望這些孩子能長期得到妥善照顧，所以想邀請他們加入長期守護孩子的行列。

加入董事會監督捐款流向

我們很希望有能力的企業家，除了長期支持基金會外，也能共同參與慈善事業的經營，成為基金會董事會的成員之一。

目前張秀菊基金會的董事會共有六位董監事成員，包括董事長和四位董事、一位監事，每四年要改選一次，未來都會從「愛・種子委員」中推選。也就是說，這些委員除了要長期扶持孩子，也要負責監督基金會的運作，瞭解每筆捐款的使用是否合乎預算科目，所有服務工作是否符合基金會的使命。

董事長、執行長和我總有一天會老去，很可能會把基金會交棒給從機構出去、有能力的孩子來承接，此時「愛・種子委員」擔任的董監事就代表一個監督的力量，要長期守護基金會的成立宗旨。

台灣現行的基金會分為企業型基金會和慈善型基金會，企業成立的基金會可以對社福機構給予幫助，對企業節稅很有利；慈善型基金會則多半是社團法人或財團法人，是一群人因為愛心成立的基金會，解決特定的社會問題，促進社會祥和，通常慈善型的基金會很需要社會捐款的支持。

而張秀菊基金會是創辦人張良卿為了紀念他母親而設立的財團法人，承諾要照顧失去家庭溫暖的孩子，讓他們在這裡找回自信與人生方向，同時具備良好的生存能力，未來能順利適應社會，並擁有經營自己家庭的能力和責任，有朝一日也能對社會付出。張董事長本身並非企業家，所以這個基金會必須靠社會的力量，共同贊助和支持。

目前我們已經邀請到兩位榮董——昆兆益精密工業董事長吳睿鴻（本屆董事）和中聯百貨連鎖董事長陳福星加入張秀菊基金會董事會，成為董監事成員之一，負責監督財報，瞭解捐款的走向和使用。我跟吳董說，他邀請了很多朋友加入榮董行列，捐款給基金會，所以他得為朋友的捐款負起監督的責任，最後他欣然接受了我們的邀請。

其實，每個捐款人都應該為自己的捐款負起責任，不要只因為看別人可憐就捐款，捐完款後也要關心對方如何使用捐款，才能實踐從事公益的價值。別讓不認真經營的社福機構，影響到認真做事的社福機構。

榮董一條街

八年來，我見過各式各樣的捐款人，其中昆兆益吳睿鴻董事長是很少見的捐款人。他的主動性很高，會主動詢問基金會有何需求，他會關注建院進度、還差多少資金，甚至會自己送上門來。

不過，他做公益的方式很不一樣，會找一群朋友，大家一起來完成這份愛。他會主動推薦我去拜訪哪家企業董事長，跟對方分享張秀菊基金會的故事，或是邀請幾位群組上的朋友，一起為基金會做「募款接龍」。他告訴我：「如果只有我一個人，幫助會很有限；但如果能找一百個人來幫助張秀菊基金會，這樣支持度就可以持續很久。」

昆兆益位於台中市太平工業區，工業區內合利街上全部都是工廠，這些工廠的老闆組成一個聯誼會，吳董向這些董事長們提議，把過年吃吃喝喝的經費節省一些下來做公益，所以每年舉辦尾牙或春酒活動時，這些老闆都會合力捐

昆兆益精密工業董事長吳睿鴻是少見很主動的捐款人，他做公益會找一群朋友，一起來完成這份愛。

錢給張秀菊基金會。其中不少董事長還成為我們的榮董，所以每次我騎機車到合利街，都可以到處串門子、打招呼，因為這條街上有密度最高的榮董，都要感謝吳董的幫忙。

我曾經受邀到昆兆益總公司的行政會議上，向兩百位員工分享我們的「愛心磚存錢筒募款計畫」，沒想到一分享完，大家都來排隊登記認領愛心磚存錢筒。我發現這是一家會對員工大力給愛的企業，也很重視員工的家庭關係，因為老闆認為員工的家庭和樂美滿，工作效率才會高。

吳董常說，**「人生中最大的能量來**

自於愛，唯有把愛給出去，家庭關係才會和諧，自己才會有最大的收穫」。他常鼓勵員工做志工，他和家人都是張秀菊基金會的榮董，也鼓勵員工加入，公司約有將近四分之一的人是我們的榮董。

吳董會這麼支持張秀菊基金會，是因為他曾經聽大熊老爸說過：「我什麼都沒有，就是戶口名簿一大疊！」他覺得自己養三個孩子已經夠辛苦了，大熊老爸居然養了一大群孩子，而且還是別人的孩子，把「擁有一大疊厚厚的戶口名簿」當作人生中最大的成就，讓他覺得很感動，也改變了他人生的價值觀。為了支持大熊夫妻的愛心善行，他決定也要為這群孩子站出來，把張秀菊基金會當作人生要全力守護的對象。

分享生命禮物

吳董認為，**人生應該以服務為目的，而奉獻是人生中最大的喜樂，幫助別人所得到的快樂可以持續很久。**他不僅幫忙招募其他人加入榮董，還和夫人

mimi特地選在石岡山上的沙連墩，舉辦好幾期兩天一夜的「生命禮物分享會」課程，讓沙連墩有收入，也製造機會讓其他人接觸張秀菊基金會的孩子，進而加入榮董行列。

吳董和夫人舉辦的「生命禮物分享會」課程，全程講的都是愛與奉獻，強調對家庭的責任感、對父母的孝順，他們希望透過課程，改變很多家庭的關係，同時也讓這些家庭願意把做公益奉獻，納入家庭的功課。

課程中提到，我們是為了照顧家庭才努力賺錢，企業老闆也是為了照顧員工和他們的家庭才全力以赴，其實人在世上所追求的一切都為了愛，沒有人會想活在一個沒有愛的世界，愛是一切的解答。

另外，課程中也提到，想要有「財力」，就要先有「愛力」。「錢」這個字的旁邊有兩個「戈」，戈就是戰爭，上面的戈，代表的是外在環境的戰爭，下面的戈代表的是內在力量的戰爭，也就是說，如果想要得到財富，必須經歷這兩場戰爭，與外面的人競爭，並強化內心的能量場。如果你很努力工作，但金錢能量場遲遲沒有出現，很可能是因為愛的能量場力道不夠。

如果單純透過介紹讓人認識張秀菊基金會，可能只會有一時的感動；但如果透過課程去改變一個人的生命態度，對方願意為公益付出的決心就會更高。**唯有內心的潛意識打開了，才能讓更多能量進入內心，人的價值觀如果改變，就會願意對社會持續奉獻。**

帶著捐款箱去流浪

我七年前就認識發起「一千個愛心零錢箱」募集計畫的楊麥克（本名楊育庭），我們經常在不同群組上相遇，過去曾多次邀請他加入榮董，都沒什麼反應，但偶爾會捐款給基金會。沒想到，二〇一八年他成為這個計畫的key man（關鍵人物）後，身上愛的力量居然變得如此強大。

在完成一千個零錢箱計畫後，二〇一九年楊麥克加入基金會榮董的行列，今年又加入「愛・種子委員會」，他還發起「心想事成公益分享會」活動，分享如何以「愛的業力法則」讓自己心想事成，請愛心店家免費提供聚會場地，

發起「1000 個愛心零錢箱」募集計劃的楊育庭，又發起「心想事成公益分享會」活動，將參加者支付的報名費全數捐給張秀菊基金會。

邀請朋友來參加，希望帶給其他人正向的啟發，也為愛心店家帶來生意。所有參加者支付的報名費，全數捐給店內放置的張秀菊基金會零錢箱。

楊麥克透過一次又一次舉辦「心想事成公益分享會」，持續替基金會募款。不僅如此，當初參加過「心想事成公益分享會」的朋友，後來也

愛的募集心法

如何提升捐款人對社福機構的「黏著度」？

從聽眾變成分享者，他們各自帶著張秀菊基金會的零錢箱四處「流浪」，到不同的店家舉辦「心想事成公益分享會」，所有報名費與講師費全數放入捐款箱內，捐給我們。

他們把捐款當作播種，種下愛的種子，除了幫助機構的孩子順利成長，總有一天這些愛也會化為一股助力，讓自己心想事成。

❶社福機構要能「跟進」潛在捐款人。

先讓對方認識社福機構，有初步的瞭解，之後可以透過寄卡片問候、主動聯繫等方式經營彼此的關係。透過一次又一次的接觸，經過一段時間信任關係的培養後，才有可能擦出「火花」。

❷多與人做生命的連結，但不要抱持太大的目標性。

與潛在捐款人保持深度的交往，相約一起吃飯，分享彼此的生活感動，絕不主動提募款需求。

❸公益的「炸彈理論」

與潛在捐款人的關係若能維持愈長久，將來產生的捐款威力就會愈大。就像炸彈的引線愈短，爆炸威力愈小；炸彈的引線愈長，爆炸威力就愈大，在點燃引線的過程中，難免會受到濕度、風力、動物出現等因素影響，導致火花中途熄滅，但只要保持引線不斷，還是有機會可以引爆。

愛的募集心法

關於「愛．種子委員會」

本會為家外安置兒少建置一個永久的家園「奇歷兒少之家」，自二〇〇九年起開始募款，經過十年，在超過一萬多個捐款人的幫助之下，終於在二〇一九年度完成這個夢想，感謝過程中各界善心人士的幫助。

本委員會的成立，希望透過長期穩定的支持與關懷，協助這群家園的孩子們有一個穩定的生活並完成學業，同時可以將服務延伸到社區，照顧社區裡高關懷的少年，實現「幼吾幼以及人之幼」的理想。

二〇二〇年是一個種下愛的種子的開始，邀請您一起參與守護行列，讓每個種子，長出力量與希望，孩子們都成為優良的社會公民。

「家在有您，種子傳愛」，凡每年捐款新台幣三萬元贊助本會，即成為本委員會之委員，您成為孩子生命中最堅強的後盾與靠山。

委員會之任務與運作

一、本委員會之任務如下：

1. 提供社會資源協助張秀菊基金會作為各項社會福利的推展。
2. 支持和參與張秀菊基金會年度大型活動，例如募款餐會、家庭日、職業探索課程等等。
3. 提供企業職場見習或參訪，協助本會輔導少年就業力的提升。
4. 分享生命經驗，作為輔導青少年的生命導師與典範，引導高關懷少年建立正向思維與價值觀。

5. 協助張秀菊基金會擴展社會網絡，讓更多人認識基金會，提高知名度與社會認同感。

6. 提供就業機會，讓輔導的少年能順利就業。

7. 協助其他有利社會的活動或計畫。

二、本委員會運作：

1. 本委員會以常務委員會為最高權力單位。

2. 本委員設置常務委員七人，委員二〇〇人。

3. 本委員會置會長一人、副會長一人、常務委員五人，均由委員互選之。任期為四年，均為無給職。連選得連任。

4. 委員會每半年召開會議一次，必要時得召開臨時會。會長召集之。臨時會議可由基金會需求提出，會長召集開會。

5. 委員每年贊助款繳納時間，每年三月二十日之前。

財團法人台中市私立張秀菊社會福利慈善事業基金會
Chang Show Jyu Social Welfare Foundation
地址：406台中市北屯區崇德路3段938號2樓　官網：http:// www.tccsj.org.tw
電話：04-2422-0023 傳真：04-2422-0211　電子郵件：tccsjpublic@tccsj.org.tw

您的愛可以改變這群孩子的人生
期盼更多社會愛心人士協助
創造更多的正向經驗與善的循環

基金會官網 www.tccsj.org.tw

10000個會員募集

我們承諾要照顧這群失去家庭溫暖的孩子，讓他們在這裡找回自信與人生的方向，同時具有良好的生存能力，未來能順利適應社會環境。本會相信以體驗教育理念為核心，工作人員的陪伴與引導為半徑，經過生活教育、品格教育以及生命教育三個定點，每個失家兒童少年的生命都能畫出一個完整的圓，擁有經營家庭的能力與責任，有朝一日能成為「手心向下」的人！

我們的目標要找到一萬個願意參與定期定額捐款的朋友，從小額捐款開始，就能累積成為持續的力量。基金會仰賴這項穩定的資金來源，讓各項服務方案能持續推動，協助失家兒少能重拾自信以及對社會的信任，這條路需要您的幫助，邀您一起成為這群孩子的守護天使。

您的捐款將用於»

成長團體活動、教育權益維護、親職教育、諮商輔導、自立生活學習、體驗教育、職場探索、多元智能學習、健康照護、品格教育

我願意成為孩子們的守護天使

張秀菊基金會信用卡書面捐款授權書

姓名(持卡人) ________ 身分證字號 ________ 生日 ____年____月____日
電話 ________ 地址 ________
● 受理卡別 □VISA □MasterCard □JCB ● 信用卡卡號 ____-____-____-____
● 使用期限 ____月____年(西元) ● 發卡銀行 ________
□每月定期捐款：每月定期捐款金額$ ________ ● 捐款日期 □每月5日 □每月20日
□一次單筆捐款：一次單筆捐款金額$ ________ ● 公布捐款人姓名於本會徵信管道 □同意 □不同意
● 持卡人簽名(同信用卡簽名字樣) ________
● 填表日期 ____年____月____日 ● 電子郵件信箱 ________
● 張秀菊基金會將我的捐款資料提供國稅局作為個人綜合所得稅申報
□同意(請務必填寫身分證字號) □不同意
● 收據開立方式 □每次寄 □年底統一寄送 ● 收據開立名稱 □(持卡)本人 □另指定 ________
● 收據寄送地址(若同上地址則不需填寫) ________

» 填妥本表格後，請郵寄或傳真至本會，感謝您！

捐款資訊
戶名：財團法人台中市私立張秀菊社會福利慈善事業基金會
帳號：國泰世華銀行 昌平分行 236-03-5004631
郵政劃撥帳號 22554444

0303 電子發票愛心碼
簡單做公益．一起愛地球
張秀菊基金會愛心碼0303

第九章

在愛裡相遇

愛不是名詞、形容詞，
愛是動詞，有行動的愛才是愛。

在基金會服務的這幾年，我深深體會：**愛不是名詞、形容詞，愛是動詞，有行動的愛才是愛**。

我扮演的是這個社會跟張秀菊基金會之間的「愛的橋梁」，我的工作就是主動把橋搭出去，讓每個人都有機會以行動付出愛，並與機構裡的孩子在愛裡相遇。當捐款人與孩子產生愛的連結，他們彼此的生命就會激起一些小小的火花，從他們種下愛的種子那一刻起，孩子的人生就開始不一樣了。

一起幫助「小甜甜」

基金會旗下有兩個兒少之家，平常要同時照顧四十個左右的孩子（有時會到五、六十位），為了料理三餐，固定會去台中北區的東興市場買菜。成長中的孩子食量特別大，每次的食材採購數量也很驚人，都得請替代役男協助用手推車去載運，難免引起市場菜販的好奇。

當市場裡的菜販得知基金會要照顧很多無法在家長大的孩子，這些孩子就像卡通裡住在孤兒院的「小甜甜」一樣，有的菜販會主動多給一些菜，有的會幫忙預留蔬果，或是把當天沒賣完的菜送給基金會的孩子吃。

當時東興市場管委會前主委陳柏棟特別幫忙，心地善良的他不僅自己捐助新鮮蔬果給機構的孩子，還私下拉攏其他攤販加入義助「小甜甜」的行列，十二年來從未間斷。後來愈來愈多的攤販響應每週二、五捐菜、肉和魚，從兩攤增加到近八十攤，市場有將近一半的攤販加入。難怪執行長說：「基金會的小朋友可說是被東興市場的菜販養大的！」

二〇一六年，陳先生因罹患肝病過世，完成後事後，他太太將喪葬奠儀二十萬元捐給基金會興建奇歷兒少之家，因為他生前最在意的就是這群「小甜甜」，捐款是完成陳先生的遺願——幫助社會上的弱勢族群。

除了收到捐款，每年端午節、中元節或是中秋節，基金會都會收到許多善心人士送來粽子與白米、罐頭、餅乾等普度品，以及月餅、柚子等，平日也會零星收到一些日常生活物資的捐贈，像衣服球鞋、文具等。

曾經有位女士特地騎著五十CC的機車來到逗點咖啡，她拎著一個裡面裝

東興市場有許多菜販和店家把機構裡的孩子當作「小甜甜」，經常主動捐助幫忙。
基金會社工帶著感謝卡和小禮物一一致上謝意。

了六、七個麵包的袋子走進來，用有點怯生生的語氣害羞地說：「這是我一點點的心意，想要送給孩子吃。」雖然這些麵包不夠機構裡的孩子吃，卻感受到她溫暖的心意。

我們非常感謝來自社會各界的愛心，也很珍惜每一筆捐贈，在每年出版的會刊上都有「捐物芳名錄」和「捐款芳名錄」，會一一詳細列出每筆捐贈的內容，這些都是愛的見證。

賣不掉的普洱茶

除了捐款、捐物資供孩子吃穿、使用外，也有不少善心企業會選擇捐贈物資讓基金會去義賣，他們認為「給魚吃，不如給釣竿，教你釣魚」，同時可以讓更多人參與愛心活動，所得的款項一樣可以供應孩子日常所需。

好幾年前，有位鋼鐵公司董事長得知張秀菊基金會為了孩子要建院，他想若只靠百元小額捐款，不知要到何時才能達成目標，便大手筆捐了十五萬元給基金會。他本身是普洱茶收藏家，也有經營茶葉生意，決定再捐出價值一千五百萬元的普洱茶給基金會做義賣。很少人會捐出他所珍藏的東西，通常都是把比較用不到的東西捐贈出來，董事長卻捨得將自己珍藏的普洱茶貢獻出來，他的愛已經超越物質宇宙，深入到孩子的生命裡面。

他將茶葉包裝成一箱十二小盒，特製的紙箱設計精美，還印上張秀菊基金會要建院的訊息，一箱售價三十萬元，共捐給我們五十箱。不過，我們因為擔心茶葉保存不良容易變質，加上基金會辦公室空間有限，沒辦法一次存放五十箱茶葉，所以先跟董事長拿了十箱去義賣。

我們很努力透過各種活動、管道做義賣，也有很多朋友幫忙推銷。收藏等級的普洱茶品質是絕佳的，但我們不懂茶葉，加上一盒要價兩萬五千元，並不是很好義賣，花了一年多的時間，才賣完這十箱茶葉。最後還是沒能將其他四十箱賣掉，我一直很遺憾辜負了楊董的好意，也為此懊惱許久，如果時間可以倒轉，我一定會好好學習普洱茶的知識，讓楊董的美意化為對孩子實質的幫助。從這件事情我學習到的是，一個真正有愛的人，不會因為你所犯的錯誤來責備你，反而他會選擇繼續支持基金會。

不因失敗停止付出愛

在逗點咖啡裡，販售架上除了逗點自行烘焙的各式咖啡包外，還放了好幾雙防水、止滑的輕量拖鞋、涼鞋。有些客人很好奇，為什麼咖啡館也賣鞋？其實，這是我們的好鄰居「楊叔叔」提供的愛心義賣鞋。

楊英光董事長是一家製鞋工廠的負責人，我們都稱他「楊叔叔」，他的工廠就設在逗點咖啡附近。有次，他路過逗點咖啡決定進來用餐，意外發現原來這裡有個張秀菊基金會，默默在照顧一些失家兒已經有許多年了。

「怎麼會有人願意照顧別人的孩子，而且還是不認識的人？」楊叔叔驚訝地發現，大熊老爸不僅照顧需要安置的孩子，還是那種「連全天下的小孩都想救」的憨人，後來他就主動幫基金會募款，邀請許多鞋業公會的董事長朋友們加入榮董行列，捐款給基金會，自己也在募款餐會捐款、認桌。

1. 愛心媽媽們為了要幫助機構裡的孩子，親手用毛線勾抱枕送給基金會義賣。
2. 好鄰居「楊叔叔」捐出自家生產的涼鞋給基金會義賣。

楊叔叔先後捐了不少鞋類產品讓基金會去義賣，就算我們跟他進貨，付款後，他又會把款項回捐給我們。不僅如此，他還提供實習的工作機會讓基金會的孩子到工廠打工，像有些孩子有領身心障礙手冊，沒辦法從事複雜性的工作，楊叔叔就讓孩子到工廠幫忙貼貼紙和標籤。

楊叔叔曾經在生意上遇到挫折、負債，一度想放棄，雖然身上還有債務，但他一直相信這個世界是美好的，願意繼續從事公益，經常參與慈濟或是贊助一些社福機構。楊叔叔不因人生遭逢失敗而停止付出愛，他告訴我們，在付出的過程中能幫助他找到愛，讓他更有力量能夠走下去。

義賣愛心抱枕

我們為了放置愛心零錢箱去拜訪店家，一路上遇到許多令人暖心的故事。

去年冬天到一家咖啡館放置捐款箱，咖啡館老闆娘知道我們的故事後，對我說：「你們辛苦了！」特地邀請我上樓喝咖啡，老闆娘不僅加入愛心店家的行列，自己也成為長期捐款的珍愛天使。

咖啡館樓上有個媽媽教室，裡面正在上課，當學員知道我們是照顧失家兒的張秀菊基金會，紛紛表示很想為孩子做點什麼，於是，她們用毛線勾了八十多個抱枕，送給我們去義賣。那時正好是耶誕節前夕，我們辦了兩次義賣，雖然只賣出二十幾個抱枕，其中有幾個還是負責編織的媽媽自己買回去，但這群媽媽一直用行動支持我們。後來因為遇到新冠肺炎疫情，不得不暫停所有的義賣活動。

想到這些媽媽為了幫助一群不認識的孩子，一針一線用愛勾織出溫暖美麗的抱枕，冬天來臨時，我們一定會努力繼續義賣，才不會辜負她們的愛心。

為零錢箱公益「掃街」

二〇一八年，為了協助基金會持續推展「一千個愛心零錢箱」計畫，台灣房屋豐原店許誌偉店長（以下簡稱偉哥）與潭子店張若望店長組成讚裕團隊，號召豐原、潭子和沙鹿、梧棲、清水分店的房仲夥伴，一起組成公益「掃街」團隊（注：掃街是陌生拜訪，並不是去掃地），義務幫張秀菊基金會徒步拜訪當地店家，尋找願意放置零錢箱的愛心店家。

他們固定每個月的月初都會挑選一天，從早上九點半走到十一點半，參與者以一組三個人為單位分組進行，其中一人負責跟店家聊天，一人負責放置捐款箱，一人負責拍照攝影，剛開始參加的夥伴約有三十位，現在已經增加到五十多位。

偉哥會事先研究地圖，規劃行走路線，讓同仁分組、分區掃街，他們首先掃豐原區，等掃完再掃潭子區，最後是沙鹿區。每次掃街，每一組掃完都要回報共拜訪多少店家、成功放置幾個捐款箱、募到多少款項，偉哥為了鼓勵夥伴努力找到有效店家，並提高募款金額，就用分組競賽的方式進行，他還自掏腰包購買獎品，送給掃街成效第一名的團隊作為獎勵。

偉哥問我：「除了開發店面、放置捐款箱，我還能為你們多做什麼？」我告訴他，我們正在推展「一萬個守護天使會員募集計畫」，希望能找到一萬個願意參與定期定額小額捐款的朋友，成為孩子的守護天使。偉哥就請團隊夥伴幫忙，不論是店家或客戶，逢人就講這個計畫，詢問對方有沒有意願捐款。

參與掃街的每個成員都會穿著公司制服，外面再套上張秀菊基金會的背心，他們會主動告訴店家自己正在做公益活動，幫忙張秀菊基金會募款，然後送上基金會簡介和募款說明文宣（DM），接著詢問店家是否願意放置捐款箱，成為守護店家，或是捐款幫助孩子。

如果店家同意放置，或是有意願捐款，隔天基金會同仁就會主動去電聯絡、約定時間。在基金會送上愛心零錢箱的同時，也會附上一本基金會發行的年度

台灣房屋公益「掃街」團隊志工每個月固定挑一天，義務幫張秀菊基金會徒步拜訪當地店家，
尋找願意放置零錢箱的愛心店家。

會刊，裡面有基金會的服務成果報告、年度財務報表和社工服務心得，以及孩子們的生活感想分享等，可以幫助店家更進一步認識張秀菊基金會。

在愛裡相遇

每次辛苦掃完街，平均約有三十個左右的店家會答應幫忙。偉哥相當細心，他自行製作感謝函送給店家，還會幫忙將愛心店家的照片放上臉書，表達感謝，可說做得面面俱到。

整體來說，公益掃街團隊進行陌生拜訪，失敗的比例並不低。不少店家會以生意不好為由拒絕，有些店家甚至會當場捐款十元、百元打發他們。這些店家不願意捐款或放置捐款箱，除了有經濟的考量，通常「不信任」是一大原因，因為他們根本不認識張秀菊基金會，當下無法決定要不要幫忙。

有趣的是，掃街時也常發生店家把「張秀菊」誤以為是在台東賣菜的「陳樹菊」，因而鬧了不少笑話。

偉哥的團隊除了每個月公益掃街外，每兩個月還會幫基金會回收愛心零錢箱內的現金和發票，同時幫忙招募台中其他地區能協助收愛心箱的志工夥伴，也不忘替基金會四處宣傳「捐電子發票愛心碼〇三〇三」，真的是非常力挺。

記得有一天，台灣房屋的公益團隊志工一早來到台中清水掃街，活動結束後，有位嬌小的婦人走到我身邊，當時我正在跟旁邊的夥伴交談。

「你們是表演團體嗎？」她開口問我。

「不是，我們是張秀菊基金會，這群朋友是來幫我們做公益的。」我遞出名片和傳單，對著那婦人笑著說：「好感動喔，在這個美麗的早晨，我與你在愛裡相遇了！」

離開後，我收到一封簡訊，署名是「在愛裡不期而遇的人」，上面說自己是位退休老師，剛剛已經在基金會的線上捐款系統捐款，很感謝能有個最美的相遇。

雖然只是一筆小額捐款，卻給我非常大的鼓勵，讓我體會到其實只要用心，就能隨時感受到周圍存在的那股愛的能量，而且這股能量非常強大。

許多愛心店家在店裡的角落，放上張秀菊基金會的零錢捐款箱。

讓付出成為生活的一部分

在偉哥帶領台灣房屋團隊「掃街」的過程中，認識了許多有愛心的店家，也見證了不少愛的力量。

像有個在騎樓販賣麵包的流動攤販，因為攤子太小，不方便放置張秀菊基金會的零錢捐款箱，但老闆承諾，一定會將每天第一筆生意所得的款項捐給基金會，幫助機構裡的孩子。

後來我親自見到這位攤販老闆，跟他聊天，才知道老闆八年前因經商失敗，積欠不少債務，他決定東山再起，朋友就把騎樓空間借給他賣麵包，但即便是負債，他也從不曾因為個人的投資失敗而停止付出愛和關懷。

老闆固定將每天第一個客人買麵包的錢，存放在一個箱子裡，等累積到一定的金額就捐出去做公益，這八年來，他一直持續捐款給家扶基金會。

當他遇上台灣房屋的公益掃街團隊，瞭解來意後，就主動要了張秀菊基金會的資料，他承諾一定會捐款。過了好一陣子，他果真主動聯絡我們，說他要捐款，第一次捐款就是一萬多元，到目前已經捐了兩次。當時老闆跟我說，他覺得這個金額很少，幫不了什麼忙。老闆不知道，他所做的事其實給了我們很多的鼓勵，也帶給我們很大的信心。

從事募款工作八年以來，我觀察到一個有趣的現象：當為公益付出已經成為生活的一部分，付出的人通常不覺得自己有給出很多；但那些偶爾才付出的人，難得付出一點時間或金錢做公益，反而會覺得自己給出很多。

為捐款負起責任

在募款的路上，我認識了許多愛心捐款人，其中龍巖元富處處長何宏威先生可說是位「超級暖男」。我剛進張秀菊基金會那年，在獅子會的公益活動上認識他，當時他主動捐了六台全新腳踏車給機構的孩子，之後就與我們結下了不解之緣。

何處長二十歲時，母親因車禍驟逝，那種衝擊和無力感在他內心留下傷痕，也讓他深感生命的脆弱與無常。他原本在辦公家具業擔任副總，在一場「生死學」課程上接觸到龍巖後受到感動，讓他毅然在四十歲時轉行，投入一般人不願意從事的殯葬業，他希望幫助別人圓滿走完生命的最後一程，彌補失去親人的遺憾。

來不及替母親盡孝道，是何處長人生中最大的憾事。他認為，「父母在世時未能盡孝，人走後就算辦最好的告別式也沒有意義」，所以他每年都會在母親節前後，舉辦「為母親洗腳報恩」的活動，讓為人子女者能透過替母親奉茶、搥背、按摩、洗腳，體會媽媽的辛勞，也及時盡孝、表達感恩。這場活動是免費的，但他會藉機替不同的社福機構募款，有一年的活動就專為張秀菊基金會募款。

何處長是我們基金會的創始榮董之一，除了每年在基金會的募款餐會認桌，知道我們需要錢製作限量的「逗點熊公仔」來感謝捐款人，他二話不說就認捐，還幫忙邀請朋友加入榮董行列。

有次，我們機構已經結案離開的孩子小良，他的爺爺突然過世了，但他沒有能力處理後事，私下詢問長期在兒少之家擔任志工陪伴孩子的和平獅子會會長，基金會才知道孩子遇到了困難。何處長輾轉得知此事後，便立刻放下手邊工作，專程去嘉義協助這個孩子處理後事，他發起募款，替孩子的爺爺舉辦圓滿的告別式，讓孩子沒有留下遺憾。當時孩子跟何叔叔說，他以後會努力打工還這筆錢，但何處長告訴孩子，要他好好照顧自己，以後有能力再去幫助別人。後來這個孩子也進入殯葬業服務。

何處長在奇歷兒少之家建院完成後，主動帶了幾位企業家朋友來參觀，發現孩子的房間居然只有桌子，沒有椅子，一問之下才知道我們因為經費不足，暫時只能買桌子。他回去後，立刻在群組上發起「募款接龍」，為兒少之家缺少的家具募款。不僅如此，他還記下所需家具的規格，親自陪同執行長去找家具，他主動幫忙跟廠商談優惠折扣，希望能在相同預算內買到品質更好的家具，甚至能省下一些錢去購買其他需要的設施設備。像何處長這樣會主動替捐款負起責任的捐款人，真的是很少見。

感受愛的強大力量

二〇一二年，我認識了從事傳銷事業的王惠麗女士，她是三個孩子的媽媽，也是擁有超過萬人下線的「丞燕 i TEAM」團隊大家長，我在她身上看到了成功女性的領袖氣質。王惠麗女士從小因家境貧困，學歷只有高職，是靠自己半工半讀畢業，她二十歲就立志創業，並下定決心要在三十歲事業有成時，把「做公益」放在她的生命藍圖裡。當她因緣際會接觸到張秀菊基金會，便以母親的心情，想為機構裡的孩子做點事，她很希望這群孩子能夠被妥善教育，並快快樂樂地長大。

王惠麗女士說，對社會付出讓她的心靈更富足，也是讓她前進的動力，所以她常鼓勵周遭朋友要「有錢出錢、有力出力」。她做公益也是作為子女的榜樣，

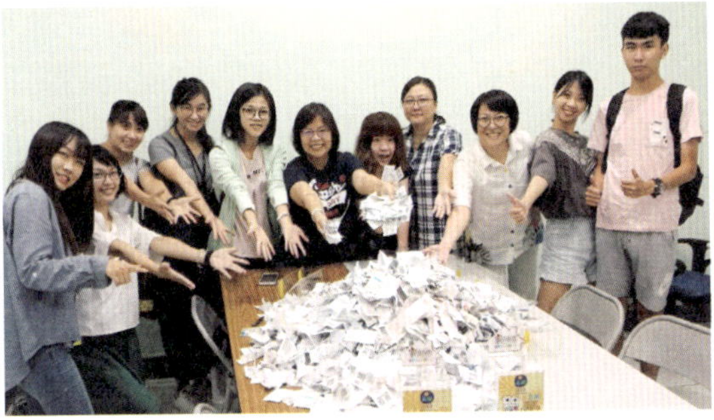

中區五十嵐（左）和丞燕 iTEAM 團隊（右）的志工朋友，利用假日撥空幫基金會對發票。

給孩子最好的禮物是「以身作則」，她常對自己的孩子說，要取之於社會，用之於社會，在自己行有餘力時，要持續做這件事情。

王惠麗女士號召團隊夥伴的支持，共同發揮愛心關照機構裡的孩子。每年他們都會為基金會舉辦募款活動，例如舉辦捐二手物的跳蚤市場義賣，王惠麗女士鼓勵團隊夥伴勇於「斷捨離」做公益，並設定十萬元的募款目標，金額不足的部分就由她個人捐出。每年團隊舉辦一百多桌的尾牙宴席上，她也不忘特別為張秀菊基金會募款。

她願意持續幫助我們，是因為某一年參加基金會的感恩餐會時，她聽到孩子說：「謝謝叔叔阿姨，給了我們一個可以安心睡覺的家。」這句話在她的心裡烙下深深的印記。對一般孩子來說，安心睡覺是稀鬆平常的事，但對這群孩子來說，卻是深深的渴望，誰不想要待在家裡長大呢？因為不知道會不會睡到半夜就被打醒，會被債主追債，甚至被不法的侵害……

更令人感動的是，每個月「i TEAM」團隊的志工夥伴都會利用假日，撥空來基金會幫忙對發票，因為這些愛心發票是社福單位非常重要的財源，但需要耗費大量的人力和時間，如果沒能及時對獎，就浪費了社會大眾的愛心。（注：目前基金會正在推廣電子發票捐贈的愛心碼，希望透過捐贈本會的愛心碼〇三〇三，一方面能提高對發票的效率，另一方面也可以做到減少紙張使用，保護地球環境。）

這群志工有的是全家大小一起來，還有位八十多歲的志工阿嬤，她的腳力很不好，沒辦法爬上三樓，因為沒有電梯，得靠人揹著上去，但她仍堅持一定要來當志工。為了感謝團隊夥伴的幫忙，王惠麗女士還親自下廚準備午餐，給這群發票志工吃。

有位志工的媽媽來過一次，也想跟著女兒當長期志工，但女兒考量母親罹癌，要她痊癒後再來，沒想到癌症病情加重一直沒辦法過來。日前女兒告訴我們，她母親走了，生前念念不忘要來幫忙，現在她要代替媽媽繼續當志工，所以在志工表上填了母親的名字。知道這件事後，讓我忍不住熱淚盈眶。

這群朋友願意犧牲陪伴家人和自己的休閒時間，來幫基金會對發票，這些看似不起眼的付出，對孩子、對我們來說意義重大。

孩子想幫助孩子

二〇二〇年八月底，上市公司、知名晶片廠商慧榮科技與台灣最具規模的兒童程式教育團隊橘子蘋果兒童程式學苑，聯手為我們機構的孩子進行遠距教學課程。

慧榮科技過去曾捐款百萬元協助我們建院，這次是因為一位員工的孩子許哲維，他念國中的時候發現偏遠地區小孩相當缺乏電腦教學資源，立志要幫忙推動縮短城鄉教育差距，正好公司推出「子女公益圓夢計畫」，鼓勵同仁子女可以主動發起及參與社會公益活動，於是在公司贊助提供電腦硬體設備下，就讀高二的許哲維主動接洽橘子蘋果，討論最合適的課程，希望透過遠距程式教學，讓奇歷兒少之家的孩子有更多學習機會，並激發對學習電腦程式的興趣，提升未來競爭力。

當孩子們第一次體驗遠距教學，大家都非常興奮，短短兩個小時的課程就完成了一個小遊戲，無形中增加了孩子們的自信與成就感，更能提升他們邏輯思考與電腦科技應用的能力。

青少年的孩子能夠主動關懷社會，而且能夠同理並幫助其他弱勢的孩子，這樣的愛心與熱情很值得肯定。

募款中遇到的挫折

在搭建愛的橋梁，讓社會大眾與基金會的孩子在愛裡相遇的過程中，我見證了許多美好和感動，但中間遭遇的挫折其實不計其數，我們也曾經遇過被人利用、欺騙，甚至被羞辱。

二〇二〇年八月中旬，我和執行長受邀參加一場企業家成長聯誼會議，現場有將近二十位企業老闆，裡面有些人是我們的榮董。執行長上台演講談基金會成立的故事，我臨時被執行長點名上台分享，過去多年我經常分享因為募款工作與許多人在愛裡相遇的感動，但這次是我第一次公開談「挫折」。

我曾經為了募款，被一位企業董事長當眾羞辱，令我終身難忘。

那次正好是過年後，孩子要開學了，基金會的會計告訴我，孩子要繳的學費還差十幾萬元。我想起在過年前一場聚會上，聽到有位企業董事長跟他的朋友聊天，正好聊到張秀菊基金會在募款，那位董事長開口對大家說：「他們基金會養了很多小孩，現在欠學費，你放心，我會捐十萬給你。」於是，我騎著機車去拜訪那位董事長，想要提醒他之前所做過的承諾。

沒想到，這位董事長聽完我說的話後，立刻當場翻臉，用台語很大聲地對我說：「我什麼時候說過要捐你們十萬元？你乾脆去跟別人分（台語，乞討）比較快，我是欠你的喔？你到底會不會募款啊？」他的聲音大到辦公室裡的小姐都好奇回頭望著我們，我站在那裡走也不是，留也不是，如果我轉頭就走，他一定會認為我們張秀菊基金會的格調就是這樣，但留下來也是等著挨罵，讓我有點不知所措。

「董事長，對不起，是我誤會您了！請不要生氣，對不起，對不起！」我一直跟對方道歉。

正在尷尬時，幸好有訪客來找董事長，我趕緊說：「董事長，您有客人來了，那我就不打擾了，對不起！」我趕快趁機離開現場。

在我騎機車回去的路上，忍不住開始哭泣，眼淚模糊了我所有的視線，騎到路口已經看不清楚前方的紅綠燈，只好在路邊停下來哭，哭了一會兒，我打電話給師母（牧師的太太），請師母為我禱告。因為接下來還有下一個行程，我必須快點調整好情緒，才能面對捐款人。

接下來要去公益路上的便利商店與捐款人碰面，捐款人是一對姊妹花，她們每個月固定捐款一千六百元給基金會。對我來說，不論是捐款一千元還是十萬元，都是一樣重要的，他們的愛並不會因為捐款金額的多寡而有大小之分，因為對孩子來說，都是一份祝福。

只是孩子的學費還沒湊足，當天又是繳交的期限，讓我心裡十分著急。沒想到，就在我踏入便利商店的剎那，我的手機突然響了一聲，有通簡訊剛進來。我拿起來一看，原來是一家企業老闆娘發來的訊息，上面說她剛匯了十七萬元要給基金會，她差點忘了這回事，不知道夠不夠給孩子繳學費？我看完簡訊，又哭了第二次。

當我分享這個故事時，忍不住掉下眼淚，而台下聽講的董事長們，包括執行長在內，居然全場都感動得哭了！

我告訴他們：「**我們常常以為前方是一條死路，沒想到走近一看，才發現那只是個T字路口，只是個轉彎處而已**。我在募款的過程中，常常感覺腳踩在一攤爛泥裡，進也不是，退也不是，怎樣都無法自拔，每次要跨出一步，都得用盡全身的力氣才能勉強向前，但是當我終於離開爛泥區，可以踏上平地時，我知道我的腳步可以走得比別人快。」

接著，我告訴台下的董事長，我們不希望張秀菊基金會因為某個人的存在才能繼續經營，這就是我們為什麼要積極推展「愛・種子委員會」的緣起，希望透過大家持續的捐款和支持，讓孩子可以無憂無慮的長大。然後我詢問台下聽眾，願意成為愛的種子的請揮揮手，結果在場的人全部都揮手，讓我覺得好感動！

雖然我分享的大多是愛與感動，但其實在募款過程中，神給了我非常多的考驗。我們曾經遇過想詐騙基金會的人，還有很多想利用基金會的人，雖然我們每次都化險為夷，最後都順利完成募款任務，但在過程中，許多事情都並不如想像中的那麼美好。

但正因為令人感動的故事太多，這些都是支持我繼續走在使命上的力量泉源，通常我不會把焦點放在困難點上面，我總是用正面的觀點來解讀我所遇到的困境：這些困境要教導我的是什麼？我知道如果我一直陷在困境裡，那孩子們要怎麼辦呢？當我這樣想的時候，也就不覺得是困難了。

丞燕 iTEAM 團隊的志工夥伴每個月都攜家帶眷，一起到基金會幫忙對發票。他們的愛，是我們前進的動力。

第十章

善用一塊錢的力量

微不足道的一塊錢，
也可以累積千萬的祝福。

剛開始，機構的孩子很難體會，基金會的每一塊錢都得來不易，也很難理解這些陌生人為什麼願意付出，去幫助不認識的孩子？我們會用不同方式讓孩子瞭解，捐款人給我們的每一分錢都來自愛，也會教導孩子對這每一份愛都要懂得感恩和惜福。

張秀菊基金會很重視捐款人的付出，常常會去思考怎樣讓捐款人的錢發揮最大的價值。像每年春節前夕，固定要給孩子準備新衣服過年，但基金會不是募款直接幫孩子買衣服，而是給孩子有限的預算，讓他們自己做選擇，同時訓練孩子規劃及使用金錢的能力。

發揮每分錢最大效益

二〇一四年底，我去拜訪同濟會陳前主席，他問我：「年底張秀菊基金會有什麼公益可以讓同濟會參與的？」我跟他說：「我們想帶孩子去買新衣服，因為每個孩子都希望過新年穿新衣，有著幸福的感覺。」陳主席就在理事會上

每年過年前，同濟會的朋友都會陪伴機構的孩子逛街採買新衣，順便給孩子機會教育。

提案，號召會員來參與孩子買新衣的計畫。

當天同濟會的會員分成好幾組，兩位大人（一男一女）充當「一日父母」帶一個孩子，到台中北屯區天津街的成衣批發市場採買新衣。過年前的天津街會封街變成年貨大街，人山人海，我們在現場發給每個孩子一千元的現金（同濟會贊助），孩子在「一日父母」的陪同下，可以自行挑選購買喜歡的衣服。這些「一日父母」會跟孩子討論和給建議，例如一次買兩件，怎樣跟老闆討價還價要點折扣優惠，或是教孩子怎麼分辨衣服的材質、學習怎麼配色、挑選樣式以及如何搭配穿著等。讓孩子感受「一日父母」的陪伴。

我告訴陳主席，要提醒陪同的「一日父母」不要用同情的眼光看孩子，千萬不可再自掏腰包，私下塞錢給孩子買衣服，因為大家要一律公平。

孩子們從第一家服飾店走到最後一家，要學習評估怎樣採買才能讓手上的錢發揮最大效益，有的孩子用一千元買了五件衣服，但有的孩子只買一套衣服就花光了，從中可以看到每個孩子不同的使用金錢方式。這經驗對孩子來說非常重要，回家後我們也會跟孩子討論，為何會這樣使用手上的金錢？我們讓孩子學習「選擇」，並尊重孩子的決定，這都會提高孩子的自我決定能力與存在感。

我們會告訴孩子，社會上還有不少家庭連給孩子一千元買新衣都沒有辦法，而你們是多麼的幸福，有人陪伴一起去逛街，還能自己挑選，要感恩這些「一日父母」對我們的愛。這個陪伴孩子買新衣的活動已經連續舉辦了六年，參與過的朋友都覺得這個活動很有意義。

募年菜金的用意

每年過春節，有些機構的孩子因為家庭的因素，無法回家過年，所以都會有一半的孩子留在機構跟社工們一起過年。我們並不知道這群孩子以前在家裡是如何過年，或許對一些孩子來說，過年對他們是痛苦的記憶，原生家庭因為種種經濟、感情、債務的壓力，在過年期間父母會特別焦躁與不安，讓孩子陷入「是不是因為我不好，都是我害爸媽這樣」的情結裡。

人有三種記憶過程，隨著年齡增長，學習過的東西會漸漸被忘記而生疏，唯有情緒記憶是一輩子的。孩子們過往不好的情緒記憶，在特定的時間或節日時很容易引發他的憂鬱、傷心與難過，所以我們希望讓孩子在這裡，可以享受愛與被愛的需求，更新他的情緒記憶，得以療癒生命。

我們知道，孩子來到我們的身邊，我們就像他們的「家人」一樣，可以陪著他們一起過年，讓他們感受到過年快樂、希望和幸福的氣氛。每個孩子都期待過年的來到，因為可以與「家人」團聚在一起，還可以拿紅包、穿新衣，有

每年春節，留在機構的孩子會跟大熊老爸、社工一起圍爐，還可以拿紅包和禮物。

一種除舊布新、迎向未來的感覺。這段時間家園裡的廚師都放假，沒有人可以料理三餐，為了滿足孩子對過年的期待，我都會幫忙募年菜，讓孩子在春節期間可以開心的跟家園裡的「家人」一起過年。

青春期的孩子食量很大，他們吃飯的碗公幾乎跟臉盆一樣大，要張羅四十人的飯菜，實在不簡單。

為什麼要特別為年菜募款，而不是直接從基金會的預算中撥款？其實我是刻意透過募年菜金的機會搭起愛的橋梁，讓捐款人設身處地瞭解孩子的需求，通常捐款人此時才會注意到，機構裡的孩子跟一般孩子一樣，他們過年也要吃年夜飯。有些捐款人會直接跟餐廳預定幾桌年菜給孩子們；也有些團體每年都會跟餐廳訂幾桌菜，提早兩、三天邀請孩子一起圍爐，提前讓孩子感受新年團圓的氣氛，順便送孩子書包、文具等禮物。

基金會的大熊老爸每年都會留在機構與孩子們一起圍爐，大家開心吃著年夜飯，吃完年夜飯的時候，每個孩子都會跟大熊老爸說一句吉祥話和明年的新希望，由大熊老爸一一發壓歲錢給孩子。大熊老爸總是免不了對他們嘮叨一番：「孩子們，我們可以在這裡開心吃著年夜飯，是因為有社會上一些善心的人對我們的幫助，一定要記得，當我們有一天長大後，有能力時，一定要去幫助其他需要幫助的人。」吃完年夜飯，大熊老爸也會帶著孩子們一起去看場電影，享受與老爸在一起的時光。

堅持每一塊錢都要記錄

我長年代表基金會在外面募款，能夠得到捐款人絕對的信任，其實要感謝會計部門的同仁做堅實的後盾，有他們的把關，我們說話才能很大聲。我可以很驕傲地說，在台灣所有的社福機構中，張秀菊基金會的財報是最公開透明的，每一筆捐款也絕對可以徵信！

我們的會計部是最強大的守門員，他們非常遵守法規，每筆捐款即使只有一塊錢都一定開立收據，每筆帳都要能對得起來。市府社會局的人員曾私下透露，他們每年都要稽核各個社福機構的財報，而看張秀菊基金會的財報是他們最輕鬆的工作。基金會的營運管理做得好，把主要精力都用在照顧孩子身上，因此才能連續在每三年一次的台中市政府社會福利慈善基金會評鑑上拿到優等。

基金會裡需要碰觸金錢的同仁都非常誠實、正直。舉例來說，公益義賣可以不用開立收據，如果錢沒有進會計部，是沒有人知道的；有些人購買後不要收據，如果會計部收了錢沒開立收據，我們也不會知道。我曾經測試過他們，我跟會計部同仁說，這些義賣收入不用開收據，結果他們還是拿著一疊「善心人士」抬頭的收據給我。

曾經有位女士想給孩子端午節加菜金，特地送紅包來，問她收據要開立誰的名字？她為了省麻煩，就說：「不用開收據，我不用報稅。」但是同仁並不隨便，還是堅持要開立收據，謝謝對方的好意。我們也常遇到許多愛心捐款不欲人知的朋友，但負責的同仁都會一一記錄下來，不想列名的就用「善心人士」代表，從來不曾發生過無法對帳的情況。

基金會用電腦系統開收據，不是人工手寫的，上面都有編號，國稅局可以按照編號來對帳。每年基金會出版的年度會刊，都會詳細記載每筆捐物、捐款的明細。關心張秀菊基金會的朋友，都可以在台灣公益團體自律聯盟網路平台、基金會官網或是年度會刊上，看到張秀菊基金會每年的財報。

為什麼我們的財報要做得這麼詳細？執行長說過：「社會大眾捐給我們的每一筆錢都是一份愛，我們要為每一份愛負起責任，要對得起每一塊錢，對得起自己的良心，基金會的信譽是無價之寶。」

我們會讓捐款人瞭解基金會在財報上的「固執」，但這個「固執」是好的，是正確的事。

在肥沃土壤種下愛的種子

二〇一二年，我為了建院募款，設計了愛心磚存錢筒，找了好幾家塑膠射出成形廠商都嫌我們的訂單太小，不願意接單，只有一位老闆答應幫忙。當他知道這是要為一群需要關懷的孩子募款用的，從開模、試做到量產，他給我們非常優惠的價格，讓我們非常感恩。

二〇一九年，新奇歷兒少之家終於蓋好了，愛心磚存錢筒的任務告一段落。我們重新設計印有基金會logo、扁圓形的藍色存錢筒，繼續為孩子募款的任務。基金會的logo是由三張臉所構成，藍色象徵地球，黃色圓形代表孩童的笑臉，淺藍色三角形代表有稜有角的青少年，綠色方形象徵穩重的老人，三者一起和樂融融住在地球上。為了讓大家一看到這個logo的圖像，就聯想到張秀菊基金會，因此我們決定設計這款新的愛心存錢筒。

為了製作新的存錢筒，我輾轉聯繫上這位失聯已久的老闆——阡靖企業社董事長，二〇一二年前他的事業剛起步、尚未獲利，他接下我們的訂單，只算我們成本價；二〇二〇年因為疫情的關係，他的事業繁忙，正趕著生產酒精瓶的訂單。但當他知道我們需要製作新的募款用存錢筒時，居然立刻停掉一條生產線，調度兩個員工負責我們的訂單。這次的存錢筒需要刻字，從3D設計、開模到量產的製作成本提高不少，但老闆二話不說，將製作好的成品全數捐給基金會，由他自行吸收成本，不僅如此，老闆還在我們二〇二〇年的感恩募款餐會上捐款認桌。

老闆很用心，他特地做了兩千七百八十六個愛心存錢筒，因為這個數字正好象徵二〇一二年他幫忙製作愛心磚存錢筒到二〇二〇年製作藍色愛心筒，中間相隔的兩千七百八十六個日子。

這位董事長捐的雖然不是大額捐款，但這樣的奉獻卻創造了更高的價值！因為他的幫助，讓我們可以集結更多一塊錢的力量，讓大家可以種下愛的種子，翻轉孩子的生命。

讓自己因善行而快樂的「快樂桶」

在募款的過程中，我們認識了一家努力落實麥克・羅區格西「種愛的種子」

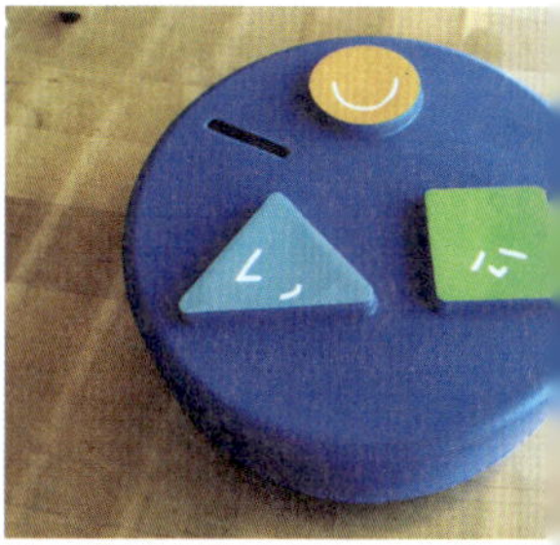

建院完成後，愛心磚存錢筒的任務結束，以基金會 logo 為造型的藍色存錢筒接棒，繼續為孩子募款。（右下）台中明德高中學生志工幫忙貼貼紙。

理念的企業——傢式國際。

傢式國際是一家提供細木家具、廚具、櫥櫃一站式服務的企業，老闆視同仁為家人、生命的貴人，還出版一本厚厚的《傢式家訓》的人文手冊，裡面談的是人生經營的態度，每位同仁每天會一起念一篇人文手冊。執行長廖述偉在手冊中有句值得深思的話：「**值得做的事不會一開始就完美，只要正面、有建設性的都值得去做**」，他現在是張秀菊基金會的榮董，也是「愛・種子委員」。

新奇歷兒少之家落成後，需要增添家具給孩子使用，過去我們用過三合板材質的床板，常承受不住青春期孩子的活動力，用沒多久就壞掉，但若老是為此募款又可能讓捐款人反感，所以我們很希望能採購品質好又耐用的家具。

而傢式國際的產品很符合我們的需求，只是對我們而言，我們負擔不起這樣的費用。當我把我們的想法告訴廖執行長後，他答應幫忙，承諾算我們成本價，但他心裡知道我們連成本價的預算也拿不出來，必須靠募款。於是，他又找了福華飯店廖國宏董事長一起舉辦「中秋傳愛星光公益園遊會」，幫張秀菊基金會募款，讓孩子終於有品質好又耐用的家具可以使用。

後來很多人來參觀新奇歷兒少之家，看到裡面的系統家具就說：「我家都沒住這麼好！」其實，我們並沒有浪費捐款人的每一分錢，而是這些企業家知道我們往後會面臨的狀況（如果家具因為品質不良很快壞掉，就還要再次募款更新），所以選擇相對耐用且充滿愛心的物品捐給我們。

廖執行長是個有理想又有愛心的企業家，他設計了超大的「快樂桶」存錢筒，鼓勵公司同仁用一塊錢的力量改變自己和別人的生命。他把桶子放在辦公室門口，讓同仁和來訪的客人在進門前，能夠把他們的「愛心」種在裡面，藉

傢式國際執行長廖述偉設計超大的「快樂桶」存錢筒，鼓勵公司同仁認捐愛心，幫助需要幫助的人。圖為快樂桶替張秀菊基金會建院募款。

由種下金錢的種子，幫助需要幫助的人，也讓自己的內心得到富足和快樂，生命也會因此變得更美好。

他們會在公司門口張貼海報，告訴路過的人，目前有那個社福機構需要一塊錢的力量，上面會有這個社福機構的故事。他們不僅幫助過張秀菊基金會，也幫助了其他的社福機構和弱勢團體。廖執行長會在全體同仁出席的會議上，把快樂桶打開，倒出快樂桶內的零錢，讓大家一起數數共完成多少愛心捐款，然後親手捐贈給社福機構的代表。

後來也有製作個人版的小快樂桶，上頭寫著：**「錢不會讓你快樂，但快樂會讓你有錢。每天一次的善行，讓自己快樂。」**這幾年來，已經有數千個小快樂桶被認領，贊助了一個又一個的「快樂桶計畫」，還飄洋過海去幫助世界上其他角落的人。

《愛的業力法則》作者格西老師曾經特地來台分享「快樂桶計畫」所成就的善種子，例如，善款幫助老師去監獄教授瑜珈，讓受刑人不再打架。這些善款也幫忙照顧了約七萬個墨西哥難民孩童，他們被家長送到美墨邊境（避免孩子長大後吸毒、販毒或賣春），從牆上被丟入美國境內，變成非法移民，這些孩子如果沒有受到好的照顧，長大後就會混黑幫，然後進入監獄，而快樂桶的善款幫助這些孩子在異鄉立足生根，得到法律諮詢，並學習健康的生活方式。

很多人認為一塊錢並不重要，就算掉在地上也不一定有人會撿，事實上，如果少了每個人的一塊錢，很多弱勢團體和社福機構就會撐不下去。有句話說：「勿以善小而不為」，**千萬不要忽視我們手上的一塊錢，把它送到需要的地方，讓它發揮更大的價值，就能累積成千萬的祝福！**

小美真心話

公益是條不歸路

這世上大部分的人，都是先滿足自己的需求後，有多餘的閒錢和閒暇，才會去做奉獻。像當年因參加課程一起擔任志工的同學，大部分因為忙於事業和家庭，後來並沒有繼續在公益的路上同行。當他們發現，這麼多年後我還在這裡，都嚇了一跳，想知道是什麼力量支持我走到現在？我都跟他們說，是因著愛與使命。

小美主任（左二）與社會資源發展部的工作夥伴

我不認為替基金會募款只是個工作，而是一種使命，做這件事讓我覺得開心、值得，是有價值的。將來有一天，我會很驕傲的對我孫子說，人總有一天會不在世上，但兒少之家這棟建築還會繼續幫我們照顧這片土地上的孩子。

公益這條路其實是不歸路。我常跟執行長說，我們做這件事就是要從頭到尾負起責任，不能說自己年紀大了、要退休了，就拍拍屁股走人。

我們肩負的責任最重要的是，讓這個機構能夠穩定發展，不能因為某個人在才存在，這樣才不會辜負當初為這群孩子投注心血的捐款人，我們要為每一筆捐款負起責任。

附錄

關於張秀菊基金會

◎張秀菊基金會的成立

為了紀念張秀菊女士（一九四六～一九九三年）慈悲助人、犧牲奉獻的精神，董事長張良卿先生在二〇〇四年成立張秀菊基金會。張秀菊女士為張家的童養媳，童年及少年時相當刻苦，負擔在家務及家計上負擔十分沉重，即便如此，她從不怨天尤人，反而更因此了解身在困苦中的難處，只要他人向張女士求助，即使身邊僅剩一個饅頭，也願意先滿足他人的缺乏。張女士最後因操勞過度而去世，年僅四十七歲。

本會董事長張良卿先生為張女士之長子，自小跟著母親至香菇寮工作，看著她為了賺錢餬口受盡委屈困厄，但從不吝於幫助他人。因此，張董事長秉持著母親的精神，繼續將對人的關愛及犧牲奉獻的行動，化為綿延的力量，透過社會服務工作，期盼讓社會更加祥和與安定。

一個美好未來的承諾

本會於二〇〇五年起接受台中市政府委辦之「向陽兒少之家」之安置服務業務，同時致力創造出一個適合台灣失家兒少的照顧模式。二〇〇六年時，發現失家兒少有逐年增加的趨勢，因此決定成立附設兒少之家，期盼讓更多的弱勢兒童少年得到安全無慮的照顧，於是開始籌募兒少之家的建院基金，於二〇一〇年三月獲得主管機關核准立案，正式成立「奇歷兒少之家」。

因社會環境快速變遷，發現了兒童少年更多發展上的需要，於是將服務範疇擴大至社區與學校，增加了更多的服務對象，透過多元教育帶領高關懷的兒少認識自己、突破現狀，並在課程及活動中，提升學習力及就業力，創造更多的正向經驗與善的循環。我們承諾要照顧這群曾經失去愛與溫暖的孩子，給他們一個機會，在這裡找回勇氣與人生的方向，並同時具備良好的生存能力，使孩子們能夠適應瞬息萬變的社會，勇敢面對未來的挑戰。

◎張秀菊基金會大事紀

二〇〇四年三月三日　張秀菊基金會成立。

二〇〇四年六月　設立體驗教育第一園區「沙連墩公益站」。

二〇〇五年一月　承辦「台中市向陽兒少關懷中心」、台中市兒少性交易防制工作（至二〇一〇年）。

二〇〇六年一月　引進冒險體驗教育成為基金會輔導特色。

二〇〇六年十月　開始籌備「奇歷兒少之家」，遭社區拒絕。

二〇〇八年七月　成立青少年就業輔導部門，承辦政府各類青少年職涯探索方案。

二〇〇九年一月　建設體驗教育第二園區「沙連墩戶外學習營地」。

承辦青輔會少年On Light少年職涯探索計畫（至二〇一一年止）。

二〇一〇年三月　「沙連墩戶外探索學習營地」正式營運，沙連墩公益站更名為「沙連墩探索體驗教育園區」。
「奇歷兒少之家」成立。
逗點青少年公益商店（咖啡專賣店）設立。

二〇一一年六月　成立少女自立宿舍。

二〇一二年一月　成立少男自立宿舍。

二〇一四年一月　承辦台中市青少年福利服務中心（至二〇一五年）、台中市司法轉向追蹤輔導工作、台中市兒少保護個案追蹤輔導及自立生活服務方案。

二〇一五年十月　承辦「台中市沙鹿兒少之家」（至二〇一七年止）。
參加陳永泰公益信託第一屆「傳善獎」，獲得三年一千兩百萬元贊助款及公益影片宣傳機會。

二〇一六年一月　承辦台中市教育局「青少年職涯輔導 Light up 試探計畫」（至二〇一九年）。

「台中市向陽兒少關懷中心」更名為「台中市向陽兒少之家」。

二〇一六年三月　成立支持性團體「榮譽董事會」。

二〇一六年十月　購置「奇歷兒少之家」興建用地。

二〇一六年十一月　研發互動式捐款箱，並取得專利證書。

二〇一七年三月　辦理第一次募款餐會。

二〇一八年三月　辦理第二次募款餐會。

二〇一九年一月　新管理系統建立、承辦「一〇九年度臺中市藥癮家庭社會支持暨施用三、四級毒品兒少輔導工作」。

二〇一九年三月　辦理一千個愛心店家感恩餐會。

二〇一九年十月　「奇歷兒少之家」興建完成。

承辦台中市政府第一個社區型類家庭「團體家屋」，收容有特殊需求的服務對象。

二〇二〇年三月　奇歷兒少之家入厝。

二〇二〇年七月　成立「愛・種子委員會」。

辦理第三次募款餐會。

◎張秀菊基金會歷年獲獎記錄

二〇〇五年　台中市政府主辦「台中市九四年財團法人社會福利慈善事業基金會評鑑」優等

二〇〇七年　台中市政府主辦「台中市九六年財團法人社會福利慈善事業基金會評鑑」優等

二〇〇九年　台中市政府主辦「台中市九八年財團法人社會福利慈善事業基金會評鑑」優等

二〇一二年　台中市政府主辦「台中市一〇一年財團法人社會福利慈善事業基金會評鑑」優等

二〇一四年

台中市政府主辦「司法轉向及高關懷青少年追蹤輔導計畫評鑑」甲等

二〇一五年

台中市政府主辦「台中市一〇四年財團法人社會福利慈善事業基金會評鑑」優等

衛生福利部主辦「一〇四年度兒童及少年安置及教養機構聯合評鑑」（向陽兒少之家）優等

台中市政府社會局主辦「一〇四年度司法轉向及高關懷青少年追蹤輔導計畫」評鑑甲等

台中市政府家庭暴力防治中心主辦「一〇四年台中市兒童及少年保護個案追蹤輔導及自立生活服務方案」（第二區）評鑑甲等

二〇一六年

台中市政府家庭暴力防治中心主辦「一〇五年台中市兒童及少年保護個案追蹤輔導及自立生活服務方案」（第二區）評鑑甲等

二〇一七年

台中市政府社會局主辦「一〇六年度司法轉向及高關懷青少年外展、追蹤輔導計畫」評鑑甲等

台中市政府家庭暴力防治中心主辦「一〇六年台中市兒童及少年保護個案追蹤輔導及自立生活服務方案」（第二區）評鑑優等

二〇一八年

衛生福利部主辦「一〇七年度兒童及少年安置及教養機構聯合評鑑」（向陽兒少之家）評鑑甲等

台中市政府社會局主辦「一〇七年度司法轉向及三四級毒品兒少追蹤輔導服務計畫」評鑑甲等

二〇一九年

台中市政府家庭暴力防治中心主辦「一〇八年台中市兒童及少年保護個案追蹤輔導及自立生活服務方案」（第二區）評鑑優等

二〇二〇年

台中市政府社會局主辦「台中市藥癮家庭社會支持暨施用三、四級毒品兒少輔導服務計畫」（第二區）評鑑甲等

台中市政府社會局主辦「一〇九年度臺中市特殊需求兒少團體家庭訪視輔導」九十分

其他特殊獎項

二〇〇七年　內政部兒童局「暑假春暉專案」績優獎

二〇〇九年　第八屆金舵獎團體特別獎

二〇一六年　連續兩年獲頒教育部「輔導中輟學生有功」民間團體獎

二〇一七年　張良卿董事長當選國際同濟會主辦的「第十屆全國兒童守護天使」

二〇一八年　教育部「全國中輟預防業務」特殊貢獻獎

◎基金會附設社會企業

台灣一般非營利組織的服務經費來源，大多來自於政府委託方案經費，以及社會大眾捐款之挹注，有鑑於政府委託方案經費有時會因政策的改變，而有大幅的變動；而社會大眾的捐款亦有時會因天災巨變，而產生集中及排擠效應。本會為了長期提供孩子們穩定的服務，參考歐美及香港等社會福利先進國家之非營利組織經營模式，發現國外大多的非營利組織，都擁有自己的社會企業，其目的為達成並提供母會每年長期服務約三成的經費來源，以達到穩定的發展及提供服務。因此，本會自二〇〇六年起陸續成立了以冒險體驗教育為核心的「沙連墩社會企業有限公司」和以咖啡餐飲為主要產品的「逗點青少年公益商店」——以輔導孩子學習歷程為主軸，並提供社會大眾相同的服務來賺取營收，完成非營利組織有能力自給自足的目標。

沙連墩社會企業有限公司

沙連墩是以冒險體驗教育為核心而成立的社會企業，其目的是為服務更多的高關懷兒童青少年；並同時與學校、政府部門、民間社團、企業合作，帶領相關體驗式訓練活動，其盈餘全數回捐給本會，達到支持本會穩定提供服務的目標。

本會長期照顧受家暴等家庭重大變故的孩子，為有效協助孩子提升自尊與自信，並擁有正向的溝通技巧、穩定的情緒及人際關係，董事長觀察到，透過戶外活動在實務操作中「做中學」，高關懷兒童青少年的學習效果較為顯著。因此在二〇〇六年時正式引進冒險體驗教育，成為本會兒少輔導業務重要的一環。

而孩子們在訓練中提升自己的能力及相關的技術後，便能開始協助對外的活動，從設施的建設維護到活動協辦、習得如何正確地使用工具以完成任務、到學習成為教練以引導他人完成訓練，進而增進自己的自信心及成就感。訓練孩子擁有從「手心向上」到「手心向下」的能力，脫離貧窮及依賴社會福利資源的惡性循環。

您來到沙連墩消費的每一筆金額，都在支持我們「休閒、娛樂、做公益」的理念！除了您消費的盈餘將全數回捐給本會，支持我們自給自足的理念外，您的光臨也支持孩子們，能有練習工作態度及提升自信的機會。

逗點
是連接一句話...
一段旅程...
一座暫時停靠的休息站...
讓每個從這裡出發的孩子
找到"開啟逗點之後"的勇氣
Doden Cafe

逗點青少年公益商店

經過觀察評估，有許多結案的孩子無法馬上適應外部職場生活，導致無法穩定工作，連帶造成收入不穩定而生活品質不佳。為了提供更紮實的職場實習及技能訓練，使基金會孩子們在結案之後，能夠適應瞬息萬變的社會環境，本會於二〇一〇年設立了台灣第一家民間團體附設商店：逗點青少年公益商店（逗點咖啡）。

在沙連墩訓練過後的孩子，將在結案前來到逗點咖啡就業培訓，秉持著「做中學」的精神讓孩子們體驗經營一家店的運作，這裡主要訓練孩子們良好的工作態度，提升孩子面對陌生人的勇氣、表達能力、自信心、問題解決能力、反應能力、主動性及積極度，使孩子們在踏入社會後，能保有足夠的競爭力。另外逗點也扮演了「娘家」的角色，是許多結案後的孩子們「回娘家」聚會的好地方。

逗點是對外開放營業的咖啡餐飲店，您來到逗點消費的每一筆金額，都支持著我們「生活消費做公益」的理念！除了將您消費的盈餘全數回捐給本會，以支持我們自給自足的理念外，您的光臨也支持著孩子們，能有練習工作態度及提升自信的機會。

點亮未來 01

在愛裡相遇：用一塊錢的力量，累積千萬祝福

作者 / 張秀菊基金會、葉美華（口述）
採訪整理 / 林宜諄
總 編 輯 / 李復民
資深專案主編 / 林宜諄
美術編輯 / 口米設計
專案企劃 / 蔡孟庭、盤惟心
資料與照片提供 / 張秀菊基金會

出　　版 / 遠足文化事業股份有限公司 (發光體文化)
發　　行 / 遠足文化事業股份有限公司
地　　址 / 231023 新北市新店區民權路 108 之 2 號 9 樓
電　　話：(02) 2218-1417 傳真：(02) 8667-1065
電子信箱：service@bookrep.com.tw
網　　址：www.bookrep.com.tw
郵撥帳號：19504465 遠足文化事業股份有限公司

讀書共和國出版集團
社　　長 / 郭重興
發行人兼出版總監 / 曾大福
業務平台
總經理 / 李雪麗　副總經理 / 李復民
海外業務協理 / 張鑫峰　特販業務協理 / 陳綺瑩
實體業務經理 / 林詩富　專案企劃經理 / 蔡孟庭
印務經理 / 黃禮賢　印務主任 / 李孟儒

法律顧問 / 華洋法律事務所 蘇文生律師
印　　製 / 凱林彩印股份有限公司

2020 年 11 月 25 日初版一刷　定價：380 元
ISBN：978-986-98671-7-7　書號：2IGF0001

團體訂購請洽業務部
(02) 2218-1417 分機 1132、1520
讀書共和國網路書店 www.bookrep.com.tw

特別聲明：
有關本書中的言論內容，不代表本公司 / 出版集團立場及意見，由作者自行承擔文責。

國家圖書館出版品預行編目 (CIP) 資料

在愛裡相遇：用一塊錢的力量，累積千萬祝福 / 張秀菊基金會作 . -- 初版 . -- 新北市：發光體文化：遠足文化發行，2020.11
面；　公分
ISBN 978-986-98671-7-7(平裝)

1. 財團法人台中市私立張秀菊社會福利慈善事業基金會 2. 社會福利 3. 文集

547.933　109016094